新货币战争

[德] 诺伯特·海林（Norbert Häring）◎著
寇瑛◎译

SCHÖNES NEUES GELD

PayPal, WeChat, Amazon Go –
Uns droht eine totalitäre Weltwährung

中信出版集团 | 北京

图书在版编目（CIP）数据

新货币战争 /（德）诺伯特·海林著；寇瑛译 . --
北京：中信出版社，2020.4（2021.6 重印）
ISBN 978-7-5217-1512-5

Ⅰ . ①新… Ⅱ . ①诺… ②寇… Ⅲ . ①电子商务－电子支付－研究 Ⅳ . ① F713.361.3

中国版本图书馆 CIP 数据核字 (2020) 第 026172 号

新货币战争

著　　者：[德] 诺伯特·海林
译　　者：寇瑛
出版发行：中信出版集团股份有限公司
（北京市朝阳区惠新东街甲 4 号富盛大厦 2 座　邮编　100029）
承 印 者：河北鹏润印刷有限公司

开　　本：880mm × 1230mm　1/32　　印　　张：9　　字　　数：170 千字
版　　次：2020 年 4 月第 1 版　　印　　次：2021 年 6 月第 6 次印刷
京权图字：01-2019-4597
书　　号：ISBN 978-7-5217-1512-5
定　　价：58.00 元

目 录

中文版推荐序

关于货币，人们似乎更关心它的价值内涵，而对它背后的技术，在电子货币和数字货币崭露头角以前，似乎兴趣没有那么浓厚。这是一个信用货币时代，在很多人眼里，货币就是银行账户里的数字，只要银行不倒闭，它就在那里。除了交易转账，货币往往因价值而动，哪里的价值更稳定，收益更高，货币就往哪里移动。移动间，就发生了货币的替代，或转换为资本，或转变成其他形式的货币（资产）。这些故事可大可小，小的可引发人世间的种种悲喜剧，大的可引发为了抢夺货币主导权的“战争”，比如以邻为壑的汇率战、各种贸易/货币联盟、国际货币体系改革与博弈等。

如果说因价值内涵而发生的货币替代是“古典货币战争”，那么因技术先进而引起的货币替代则可称为“新型货币战争”。当然，这不是什么新鲜玩意儿，我们已然在货币演化史中看到了技术的痕迹，比如黄金之所以替代其他材料成为广为接受的货币，不仅在于它稀少，还因为它的技术特性，比如容易标准化、可分割、携带方便、材料稳定和不易变质。只是历史过于漫长，人们逐渐忽略了技术的作用。随着现代信息技术革命的兴起，技术对货币的影响正达到历史上从未出现过的状态，并将继续演绎、拓展和深化。它不仅发生在现金、存款货币等各货币层次之间，也发生于各国的货币竞争中，甚至还可能引发整个货币金融体系变革，因此引起全球各界的广泛关注。

从某种意义上来说，这场“新型货币战争”可追溯到2008年全球金融危机。金融危机的爆发使得中央银行的声誉及整个金融体系的信用中介功能受到广泛质疑，奥地利学派思想回潮，货币“非国家化”的支持者不断增多。在此背景下，以比特币为代表的不以主权国家信用为价值支撑的去中心化可编程货币“横空出世”。有人甚至称其为数字黄金，寄托取代法定货币的梦想。这是信息技术发展带来的私人货币与法定货币的“战争”，是货币“非国家化”对法定货币的挑战。

还有一种“新型货币战争”则是电子支付对现金的挑战。近年来，支付宝、微信支付等非现金支付方式的使用率持续激增，“无现金社会”“无现金城市”等词语在媒体上频频出现，甚至成为一些第三方支付机构推广业务的宣传口号。与之密切相关的是，许多发达国家和新兴市场国家的央行货币在总体货币总量中的比重有所下降。自2003年以来，我国基础货币与M2[①]的比率下降了5%，印度下降了7%，欧元区则下降了3%。其中的一部分原因就是，央行货币（尤其是现金）在流通领域被技术更先进的电子支付方式乃至私人货币替代。

或许，我们应该正面地看待和解读这场“新型货币战争”。因为它整体上推动了支付效率的提高、金融的普惠以及社会福利的上升。Libra[②]白皮书指出：“Libra的使命是建立一套简单的、无国界的货币和为数十亿人服务的金融基础设施。”现在看，其宏大使命未必一定能成功，但对于这样的愿景，我们应该积极应对，至少在技术方面或模式方面，它为我们提供了新的参考和选项，有益于社会的进步。对于法定货币而言，私人支付工具的“去现金化”口号，以及“去中心化”数字货币的兴起，更像是一个Morning Call（叫醒电话），唤醒中央银行应重视法币价值稳定，唤醒中央银行不能忽视数字加密货币这一难以回避的技术浪潮，唤醒中央银行应重视央行货币与数字技术的融合创新……

这一唤醒作用已开始显现。以我国为例，早在2014年，中国人民银行正式启动法定数字货币研究，论证其可行性；2015年，持续充实力量展开九大专题的研究；2016年，组建中国人民银行数字货币研究所，笔者躬逢其时。

① M2是反映货币供应量的重要指标。——编者注

② Libra是脸书公司发布的加密货币项目。——编者注

央行数字货币研究所基于我国“中央银行－商业银行”二元体系，开发了准生产级的法定数字货币原型系统。2016年之后，各国中央银行也开始行动起来，开展基于区块链技术的央行加密货币实验，比如，加拿大的Jasper项目、新加坡的Ubin项目、欧洲央行和日本央行的Stella项目、泰国的Inthanon项目，还有我国香港的LionRock项目等。

这是一个全新的赛道！参加者有私人部门，有公共部门，有主权国家，有国际组织，有金融机构，有科技公司，有产业联盟，有极客，有经济学人……总体看，这场“新型货币战争”才刚刚开始，需要研究和探讨的领域很多，比如技术路线之争、数字隐私保护、政府监管、社会治理、网络和信息安全、货币主权、金融基础设施创新、风险防范等。

希望《新货币战争》一书的出版能为读者们提供更广泛、更深入的视角和洞见。需要提醒的是，其中有关东方国家的内容，或带有萨义德所谓的“东方主义”（Orientalism）色彩，难免戴着有色眼镜，未必客观，需进一步商榷和讨论，望读者辩证地看待。

是为序。

中国证监会科技监管局

姚前

2020年3月7日

绪 论

支付的未来已在2018年呈现在我们面前。在位于美国西海岸的西雅图，第一家面向公众的亚马逊无人零售店（Amazon Go）开设了。得益于“最先进的购物技术”，在那里购物的顾客不再需要排队，而只需在智能手机上免费下载相应的应用程序。随后，他们就可以从店里的货架上挑选心仪的产品，放进自己的购物袋，然后离开。其余的一切就交给技术去完成。例如，某位顾客先把一瓶果酱放进购物袋，之后又觉得更想买蜂蜜，这时他只需将果酱放回货架上即可。亚马逊监控技术会对这一举动进行记录，并从该顾客的账单中删除果酱。顾客无须经过任何收银员或店员盘问就可离店，随后他的智能手机会收到账单。最终，这笔购物的费用会在顾客的亚马逊账户上被自动扣除。

几乎没有比这更便利的了。在这种刚刚才成为现实的消费乌托邦中，人们的主动支付行为也同时被取消了，结算过程会在没有我们参与的情况下自动进行。我们甚至不需要拿出银行卡，也无须签名。替我们管钱的一方与销售方合二为一，这条发展道路的目标是清晰的，远非现下亚马逊的世界所及，那就是：我们享尽一切便利而将所有权利都交由别人。

在中国，另一种乌托邦正在成为现实。货币作为推动和衡量经济活动的奖励功能，正在被细致入微的社会美德标准所取代。政府正着手建立一个全面的公民信用综合评估体系。如果有人被人脸识别摄像机拍到闯红灯，那么他的社会信用评分就会被扣减。如果有人为他人提供了帮助，那么他就会得到加分。如果有人的账户中社会信用积分太少，那么他就无法购买飞机票或高铁票，甚至租不到或买不到好的房产。对于支付，人们可以全覆盖地使用微信和支付宝。这就像是脸书、谷歌、WhatsApp（即时通信软件）和亚马逊的组合。由于微信采用了面部识别和其他生物识别技术，并与政府密切合作，所以该应用程序现在甚至可以作为官方的身份证明。微信记录并存储了使用者所花费的每一笔钱的用途，并与社会积分管理机构共享数据。如果有人长时间沉迷于网络游戏或逃单，都会留下不良记录。所有这一切的目的是，建立一种优良的品行高于获取不义之财的社会价值体系。

两者相比较，亚马逊无人零售店的美好支付世界似乎截然不同，至少初看起来是如此。在这里，只要是在法律范围内，任何权威都无法规定我们应该如何行事。但如果我们仔细观察，就会发现，它与中国的公民信用综合评估体系有许多相同之处：两个系统的基础都是对行为者进行可靠的自动识别，并对他们的行为进行不间断监督。

亚马逊无人零售店只是现收现付（Pay as you go）支付领域中较为先进的范例之一，越来越多的个人行为受到监控，与此同时，越来越多的消费被自动结算。在亚马逊无人零售店，每一个从货架上抓取的动作都意味着购买行为，必须对其进行相应的监控和计费。很显然，这也是我们这个社会将要走的路。人们买到的不再是可以自由掌控的电脑应用软件，而是被租用的云端程序，即在第三方服务器上运行的程序。相应地，我们使用该软件所做的一切都被监控和存储起来了。如有必要，我们的访问权限可以被剥夺。我们不再购买自行车，而是使用共享单车，然后按照公里或小时数自动付款。我们不用一上高速公路就付费，而是根据驾驶的公里数付费。我们无须再购买汽车，而是可以按需租车，甚至还可以选择是否需要代驾司机，以时间或公里计价等。这类案例的数量还在逐渐增加，很快，我们就必须启动小额支付流程，而且很难觉察到其数量。

这一切使得个体不再能真实地把握其资金状况并自由支配资金，而是受控于那些掌管其账单的人。当他们认定，某人不再具有金融信誉，或者做出了违反规则的举动，如用其数字货币租赁别人拥有的东西时，这个个体就完全丧失了行为能力。正如菲利普·迪克在1969年出版的科幻小说《尤比克》中的人物乔·奇普一样，他不再能离开自己的公寓，直到有人付钱，门才能打开。迪克超凡的想象力，在根据其小说改编的电影《银翼杀手》中就已显现。他当时预测记账式货币的支付方式似乎还距离我们很遥远，但共享经济的概念仅在半个世纪之后就出现了。

面部自动识别以及诸如此类的技术催生了现收现付系统的应用，也让真实的模拟世界与数字世界融为一体。我们在现实世界中的每一步都被数字化重塑并存储，这些数据再被汇总成全面的个人档案。任何愿意为此付费的人，从潜在的雇主到潜在的贷款人或业主，都可以购买。与中国不同，在德国，数据及其影响仍然受限，尚未被广泛应用于教育领域，从而引导人们实现预期的社会行为。换句话说，德国的首要目标是培养更好的消费者，但也有一些应用在朝着中国模式的方向发展。

事实上，新的数字支付方式会产生大量信息，而且还要求我们提供许多敏感数据，对想要引入这些系统的人来说，正是这些数据对他们具有莫大的吸引力。这就导致有意监控公民行为的各国政府和大企业集团同心协力地去获取这些宝贵的数据。要实现这一愿望，他们就必须有能力在数字世界中随时准确地对我们进行识别。现收现付这种支付方式的出现恰逢其时地为实现全面监控提供了有百利而无一害的理由。就这样，新的支付方式顺理成章地成为引入和普及生物识别技术的主要驱动因素之一，被应用于日常生活中。生物识别技术初步是通过指纹和面部识别进行的，将来甚至还会发展到通过遗传物质DNA（脱氧核糖核酸）鉴定。所有这一切的发生都充满了目的性、系统性，而且是全球性的。这正是我在本书中要论述的内容。

猫头鹰被某些人视为灾星，可对另一些人则如福星夜莺

但凡每两笔交易中有一笔以现金支付，就无法建立全面的公众数字交易模型。人们的这种对现金的固执偏好会使现收现付的支付方式的发展和普及止步不前。这种偏好是有充分的理由的，无论现金的反对者们再怎么耗费力气，想使现金变得不合时宜，但对用户来说，现金的确有许多好处。此外，这些优势还将随着数字化越来越多地渗透进人们的各个生活领域而日益增强。

我认为现金的优势有以下九点。

1. 现金交易具有匿名性。除了现场目睹交易的人外，没人知道交易者何时、何地向谁购买了什么。这同样适用于秘密警察、银行职员、社会积分机构、信用评级机构、

一般信息搜集站，甚至配偶和父母等。我们并不一定总是希望他们确切地知道我们每天在何时何地吃了什么，喝了什么，又买了什么。

2. 使用现金时，卖家和买家都无须提前付款。双方均受到保护，即免受对方破产或欺诈行为的侵害。任何一个向陌生人出售二手车的人，都不希望赊账交易。反过来，也没有人愿意在收到标的物之前，将大笔资金转付给陌生人。新的、快捷的数字支付方式看起来似乎为人们提供了保障，但事实却并非如此。人们无法确信，这笔钱是否付到了实处。

3. 采用现金支付还具有良好的控制支出的功能。这对那些挣多少花多少的“月光族”来说尤为重要。如果全部选择数字支付，你就会被每月大大小小的电子账单弄得晕头转向，而不能有效地核实账单和控制支出。

4. 现金是一种防范危机的支付手段。它无须以任何技术设施为依托，并且在出现重大技术故障时，依然可以作为支付手段使用。在德国联邦政府的民事保护概念中，甚至明确建议公民需要为应对紧急和危机状况留存足够的现金。如果我们只采用数字支付方式，一旦互联网或大型移动网络瘫痪，就会使我们的经济生活遭受重创。如果我们恰好在旅途中，就真的要费尽心思去盘算到底如何支付住宿费以及回程的路费等。

5. 现金特权。如果因故障或任何其他原因导致我们的账户突然被冻结，我们就寸步难行。但若有现金，我们至少可以在一定条件下继续旅行、住宿和用餐等。

6. 现金是一种包容性支付手段。实际上，它没有使用门槛的限制。与使用数字货币相比，儿童以及有身体障碍或精神障碍的人使用现金更加容易和安全。我们给孩子五欧元，这样他就可以给自己买点什么，但我们总不能把信用卡交由孩子使用吧。可令人匪夷所思的是，现金这种包容性支付手段却正在全球范围内遭遇围剿。这场去现金运动正是打着普惠金融的旗号。对此，我们随后还有论述。

7. 此外，现金无疑是我们在银行倒闭时保有金钱的唯一方式。原则上，数字货币无异于我们放在银行的一种资产，对银行来说则是对我们的负债。如果银行濒临破产，而该银行又没有为我们的储蓄资产进行有效投保，这笔钱就凭空消失了。如果遇到大型银行或许多银行破产的情况，所有现存的存款保险体系也无力回天。

8. 在银行出现负利率时，现金无疑具有保护功能。它可以预防银行因自身问题而侵蚀我们的资产。

9. 现金是成本较低的付款方式。通常情况下，我们需要向信用卡公司和银行直接或间接支付一定的服务费。有时，其代理商会额外收取费用并将其计入成本而最终算在我们头上，由我们间接支付其运营成本。世界领先的信用卡发卡机构，如维萨（Visa）和万事达卡（MasterCard），其利润空间很大，但总得有人要为其成本买单。

不可否认的是，逃税者和犯罪分子也同样看重现金的这种匿名特性。只要金额不是很大，他们就乐意使用现金。正是因为这一小批现金使用者牟取非法利益，才给了反现金者核心的理由。

德国有一句直白的谚语是，猫头鹰被某些人视为灾星，可对另一些人则如福星夜莺。政府、银行、支付运营商、IT（信息技术）公司以及部分其他商家都会站在用户的对立面，用户眼里的优点，就是它们认为的缺点。

对于希望尽可能多地向我们推销商品或吸引我们贷款的人来说，使用现金的确不是什么好事，因为这会帮助我们合理控制支出。情报和安全部门也会认为现金的匿名性是一个不小的缺点。毫无疑问，如果警察能够有效掌握账户和电信数据的全面信息，打击犯罪会变得更加容易。然而，如果人们因想要彻底避免罪犯滥用公民自由权，就去取消现金，这同样也可能会取消民主。人们总要选择一种理性的平衡，而这种平衡需要在一个开放和民主的过程中才能得以建立。但正如我们将看到的那样，金融领域的主导权正在从私人手中被夺走，取而代之的是一只错综复杂的、超越国界的无形之手。那些做决定的人绕过各国的民主议事机构，直接决定着金融秩序。

除此之外，对于希望获得我们珍贵的财务数据的支付运营商和IT行业而言，现金的匿名性也是一件麻烦事。因为每一笔不留痕迹的交易都是对我们个体数据资料的扭曲。假如我们正想用现金进行某一交易，而这种交易模式恰好被系统解读为负面信息，例如不良信用等级、不被看好的雇员阶层、不良的健康状况或具有风险偏好等。系统中对这些数据的存储和评估越全面，对我们敏感数据的保护就越困难。如果关于我们是否抽烟、是否花许多钱买药或阅读激进杂志等私人信息恰好被泄露给了我们的利益相关方，例如正想要开除患病或政治不达标员工的雇主，或只为健康和谨慎的人承保的保险公司，就会对我们造成不利影响。

如果我们不再能提现，那当然符合银行将我们的资金锁死在银行系统中的期望。当整个金融体系面临新一轮危机时，储户资产就会被直接贬值，以使银行恢复流动性。账户余额（也称存款）位于银行资产负债表的借方，这是银行欠储户的钱。如果银行因亏损而导致自有资本减少，造成资产负债表的贷方不足，那么它们可以通过减少存款来重构资产负债表。这时，银行有两种平账方法：一种是一笔勾销，例如在金融危机期间的塞浦路斯；另一种是通过高额负息逐渐平账，这可以持续数年。如果储户的银行存款以–4%的利息计算，这就意味着他的资产会在三年之后缩水10%以上，而银行的负债却相应地减少了。这样，银行就不必再寄希望于国家的介入和救援，国家也省了一项支出。

对逃税者和罪犯而言，使用现金有优点，也有不便之处。大量现金的运输异常困难且高风险如影随形。因此，这两类人利用专门的律师事务所和银行，将各种非法的货币资产转移到海外的避税天堂，或将其混入合法的货币循环体系。这个过程是在隐瞒了其真实来源或所有权关系的情况下进行的。虽然所有交易均有记录，但因使用了假账单和类似的技巧，账面信息得以粉饰。由于巨额的非法和灰色货币转移通常都是以银行汇款形式进行的，因此，如果认为可以通过减少使用现金而遏制逃税、犯罪甚至恐怖分子融资，那就大错特错了。

最后，像维萨、微软和沃达丰这些提供技术基础设施的公司，都无法在现金支付上赚钱，而每一笔数字化的交易都可以给它们带来额外的业务。如果取消现金或使现金支付变得更加昂贵，就会为这些商业参与者提供增加自身利润的机会。

因此，维萨和万事达卡机构在全球范围内开展了大规模媒体宣传活动，旨在让人们意识到主动支付（即现金支付）如何蠢笨和过时，以及被动支付何等舒适和时髦。它们向拒绝接受现金的餐馆支付报酬，并确保通过媒体大力宣传。它们为售卖《无家可归者报》的人配备了阅读器，这都是绝妙的公关宣传手段。世界各国政府也制定法律法规，禁止、限制主动支付或使其变得更加麻烦和昂贵。这样做无疑也有利于捕捉犯罪信息。

西方政府喜欢了解公民的一切。“全球领袖”美国甚至希望通过可靠的数字化技术监控所有地球村公民。这可以服务于所谓的反恐战争，也同样可用于强化自己在盟友及敌对势力中的霸主地位。这样就顺理成章地诞生了一个规模庞大的公私合营反现金的“伙伴关系”组织，全球从瑞典到沙特阿拉伯等各国政府都步调一致地加入其中，与世界领先的美国金融和IT巨头共同合作。

全球协调一致的运动

2016年11月，印度政府突然宣布回笼大部分现金，这是一个非常极端的例子。在德国，这个过程表现得更聪明，不那么直接。越来越多的自动取款机被拆除，银行突然加收现金取款手续费，商店被禁止将信用卡费用转嫁给顾客，出租车司机突然被要求与信用卡公司签订合同，热衷于使用现金的银行和商人会被指摘与恶意洗钱脱不了干系，想要携带数千欧元过境的旅行者目前也得考虑，海关官员是否会没收这笔钱。

根据德意志银行前行长约翰·克莱恩在2016年初的预

测，到2025年，人们将不再使用现金。按照联邦议会社民党和基督教民主联盟主要政治家的意愿，德国将很快禁止不通过金融机构而支付高额账单的行为。一些欧洲国家已经规定了类似现金支付的最高限额，与此同时，人们的数字支付也一样不能对警察局、社保机构、税务机关以及情报机构隐瞒，银行保密的最后防线也被清除。

近年来，世界范围内可以观察到类似的情形，而这并非巧合。马拉维、尼日利亚、菲律宾、墨西哥及其他数十个国家甚至还郑重宣布，希望尽快实现无现金支付。在这些国家去现金的同时，其中央政府也在建设全体居民具有生物识别特征的数据库。所有这一切就是一场精心组织的全球运动。更具体地说，这是两个密切相关的运动。第一个运动的关键词是普惠金融，这是去现金的另一种粉饰性描述。第二个运动以数字身份为号角。它以顺应联合国发展目标要求为借口，要为每个新出生的地球人出具身份证。这个运动迫使所有人都提供自己的生物识别数据，也包括大多数早已拥有和使用身份证的人。

这场运动由聚集了世界主要经济体的G20（20国集团）推进，领导者是美国政府、美国跨国公司巨头及其基金会。它们联合形成了全球普惠金融合作伙伴关系，目标是在全球范围内实行所有公民支付交易的数字化和生物识别系统的整合。参与这一合作的所有成员结成了一个公私联营体，包括优于现金联盟、万事达卡机构、维萨机构、微软创始人比尔·盖茨和他的妻子梅琳达拥有的基金会（以下简称盖茨基金会）以及美国外交部等核心成员。

在普惠金融、身份识别和克服数字鸿沟等概念的背后，总是隐藏着诸如万事达卡、维萨、PayPal（贝宝）、微软和沃达丰等大公司的商业利益。参与全球反现金运动的还有非正式但又实力雄厚的跨国委员会，其中不乏银行监管者、政策制定者和安全机构。它们联合制定全球金融业的标准，这些标准随时可以变成法律条文，而无须公民代表或数据保护者应允。德国也无法逃脱。标准制定者们从全球普惠金融合作伙伴关系中获得权力，使其标准尽可能具有去现金并保证监督的特性，德国央行和德国政府的代表也参与其中。

在这些标准制定者的跨国影子力量的影响下，欧盟委员会审慎地考虑了有关现金上限的问题，并赋予海关随时查扣违规现金的权力。那些针对银行的苛刻规则也源自它们，其目的在于说服银行和商人，在小额现金交易中也存在洗钱的风险，应该予以排除。相反，那些“大鱼”却被放任自流。影子力量还出台了规则，使人们几乎无法在互联网上匿名购物。公众舆论和议会对这些进展毫不知情。这就可以解释，为什么对数字金融交易数据的全面监控和长期存储并没有引起关注和讨论，相反，涉及面并不广的电信数据存储却引发了强烈的争议。后者受到议会讨论并做出相关决议，而前者违背民主却被跨国力量操纵。

与上述这些工业国家相比，万事达卡在发展中国家和新兴国家推进去现金运动要明显粗暴一些。任何不“自愿”服从标准制定者及非官方反现金规则的国家，将不再获得援助资金，或被直接列入不合作国家的黑名单。那些对去现金和采集公民生物识别数据没有表现出足够热情的国家，将会在世界银行和国际货币基金组织的评估中获得差评，这可能会对其经济产生不利的后果。作为激励，盖茨基金会资助普惠金融联盟和发展中国家的中央银行，万事达卡和维萨则为数字支付提供资金和技术援助。这已在许多大国成为现实，即引入万事达支付卡，并使其同时成为国家的身份证件。盖茨的普惠金融联盟也促使肯尼亚进入这种模式，让如今依然贫穷的肯尼亚人用上了一款由英国人控股的手机钱包，并支付高达40%的交易成本。

世界货币的数字趋势

数字经济的基本原则是：胜者为王，一切为了胜利者。谁足够有远见，谁就能成为准垄断者。这主要有两个原因。一方面，使用的人越多，各种数字功能的互联网优势就越容易显现。这也适用于社交媒体平台、计算机应用程序、一种支付服务或一种货币。另一方面，数字服务顾客数量的增加通常不会带来成本的增加。因此，拥有的客户越多，分摊在每件商品或客户上的生产成本就越低。数字公司如苹果、亚马逊、Alphabet（谷歌的母公司）、微软和脸书以及中国的数字公司阿里巴巴和腾讯等在几年内均跻身全球最有价值公司前列，这绝非巧合。它们几乎整合了所有行业的业务，并且由于竞争者极少而具有极高的利润率。

数字货币几乎可以零成本生产并进行国际分销。对潜在用户来说，其他人使用该货币越多，其价值就越大。出于这些原因，那些在货币问题上有远见的人，会将其竞争对手甩得很远，尤其是当本国政府不能对此形成有效抵抗时。以权力为背景的全球数字化将导致货币的掠夺性竞争，并最终可能成为世界货币。

迄今为止，货币的主权一直是各国政府重要的权力要素。因此，这种权力可能会越来越多地从首都转向数字经济的权力中心。而美国的西海岸就是这样的地方，未来全球货币的权力中心可能会在此诞生。那些跨国 IT 公司的掌权者接管权力的野心清晰可见，而这些权力正是各国政府正在丧失的。

得益于新的支付方式，硅谷想成为世界统治者的美好愿景，多少有些类似于 1932 年阿道司 · 赫胥黎在其著名的预言小说《美丽新世界》中所描述的。犯罪被根除，因为监管很完善。人人都纳税，社会欺诈不可能出现，人们不理性地自我伤害也会被有效避免。例如，患有高血压的人不再会购买猪的小腿肉。如果他这样做了，他就会失去医疗保险。在赫胥黎的《美丽新世界》中，几乎一切都是幸运的。那里的人们对自己的命运及社会地位都感到满意，并处于一种像吸食了鸦片一样的情绪中，任人摆布。然而，此书却被大多数读者视为恐怖之书，因为在赫胥黎的《美丽新世界》中，只有最高层的决策者才具有独立的思考和行为能力。

赫胥黎在他的小说中引用了俄罗斯哲学家尼古拉·别尔嘉耶夫的说法："乌托邦可以实现，生命为此而努力。但也许新的世纪将要来到，因为知识分子会思考，如何避免乌托邦并回归到一个不那么完美却更加自由的非乌托邦社会。" 1949 年，赫胥黎在《美丽新世界》再版的序言中写道："总而言之，乌托邦看起来比 15 年前人们能够想象的要近得多。那时，我还曾将乌托邦想象成 600 年以后才会发生的事情。但如今看来，这种恐怖似乎很可能在一个世纪内向我们袭来。"[1]

赫胥黎是对的。很显然，21 世纪是我们必须阻止乌托邦成为现实的时代，一个我们已经踏上征程的时代。我们要想取得成功，只有打破魔咒，只要还没有形成新的规范，人们就还能在乌托邦之外正常地进行思考。

鉴于捍卫现金和公民自由的强大方阵，人们不能抱怨任何对技术奇迹（武器）抱有幻想的人。比特币这样的加密数字货币就承载着人们的这种希望。它不仅能把现金的优点带入数字世界的未来，而且还具有匿名性，并且能确保货币资产免受银行破产的影响。其他人则热衷于另一种可能，即国家通过中央银行推出替代现金的数字化加密货币。这是不受商业银行破产威胁的资金，因为中央银行为其提供担保，国家也会充分确保其私密性。

然而，用技术方案解决社会问题的愿望总是带有欺骗性。只有当社会条件和权力关系对此有利时，技术解决方案才能够完成其任务。否则，当我们想要反对某种强大的技术手段时，它反而会冲着我们呼啸而来。我们从加密货币中可以看到这样的结果，国家加密货币的命运也会是殊途同归。

与采取技术手段恰恰相反，我们必须进行社会变革。我们必须唤醒沉睡中的公民代表，向同胞们解释将要发生的事情。他们必须知道，取消现金支付并不是一种自发的过程（也绝非不可避免），而是其背后强力意识推动的结果。这样，政府代表、联邦银行家和欧洲央行的代表如果要制定取消现金的标准时，他们就会有压力。他们必须向我们解释，为什么要在与万事达卡和维萨公司全球化的合作伙伴关系中，让我们取消现金支付。当这种合作关系被打破时，人们很快就会看到，现金将经历一种复兴，而非消亡。因为在这个我们所做的越来越多的事情都被数字化整合与存储的世界里，现金支付提供了一个自我决定与个人隐私的绿洲。个人隐私将变得越来越有价值。

延伸阅读

本书手稿于2018年5月底完成，后续进展会简要提及。信息来源列于以章节分隔的注释中，标注的杂志和报纸文章可以在搜索引擎中通过标题查阅。但是，个别情况下只有订阅者才能享受全文阅读。

引用的大多数研究资料也可以通过标题在互联网上找到。为了便于查询，参考文献仅列出书籍、学术论文、研究报告和小册子等，不包括报纸和杂志上的新闻稿及文章。

第一章

万事达卡、比尔·盖茨及其“反现金战争”

如果有人想记录“反现金战争”，他就很容易被善意的读者看作悲观论者，甚至是恐惧症患者。然而，当这些读者获知这个世界上有一个叫作“优于现金联盟”的存在时，许多人仅凭经验就会重新审视这个命题。优于现金联盟受到全球最有影响力的 20 国集团政府的强力支持，旨在全球范围内推动用数字化支付取代现金支付。细细品味不难看出，“反现金战争”这个表述所体现的已不仅是对现金捍卫者的进攻，它更像是这个组织的成员为获取更多利益而吹响的冲锋号。

在 2005 年的一次国际支付会议上，万事达卡的代表宣称，他们将用新一代卡与现金对决。万事达卡的竞争对手维萨也信心满满地要赢得这场“反现金战争”。它们要携手铲除“金融体系内的现金”。在行业刊物《欧洲信用卡评审》（*European Card Review*）上，曾刊登过一篇名为“反现金战争”的专题报道。文中是这样描述的：“虽然银行和政府都认为应将现金从现行系统中剔除，但政府不愿扮演主动角色，出于对引导这场战争会使其在公共舆论中失分的担心。”[1] 用欧盟委员会相关部门负责人的话说就是：“我们以反现金战争为目标，但要正确地实施这场反现金战争。我们也必须明确要付出相应的代价。”换句话说就是："只要让卡片支付更便宜，我们就会更快地摆脱现金。"[2]万事达卡欧洲区总裁亚历山大·拉巴克在关于"现金未来"的演讲中表示，他们必将赢得反现金战争，因为"各种各样的老式硬币和纸币给我们的社会带来了巨大浪费"。[3]欧盟委员会的相关核算数据也印证了现金成本高的说法。更有说服力的理由出自美国的管理咨询公司麦肯锡，它甚至提供了一种算法用以证明，如果金融业抑制现金交易，其利润就会大幅增加。

在行业会议上或是投资分析师面前，银行和信用卡公司根本不能高调攻击现金。面对公众和媒体，它们既定的战略是低调应对。国际货币基金组织建议，可以把抑制现金看成非刻意而为之，而是因其他动机被催生的副产品，也应以渐进的方式引入。各国政府则建议国际货币基金组织在私营部门先行实施，因为直接的政府干预会引发民众不必要的抵制。国家应该从看似无可厚非的步骤开始，比如取消大面值钞票及设定初期相对宽松的现金支付上限额度等。国际货币基金组织的代表指出，所有这些措施都应以这样一种姿态推出，即让人们觉得这不是刻意而为之，而实际上是国际协调以及与私营金融行业密切协调一致的结果。[4]

这些"看似无可厚非的步骤"已在许多地方实施。麦肯锡在一份向政府提交的、关于支付的报告中总结如下：这就是说，政府、银行和现金支付行业利益相关者需要共同努力，发起"系统的反现金战争"。[5]作为不显眼的措施，我们可以规定经营者必须接受卡片支付，并禁止其将费用转嫁给持卡支付客户。对现金使用者不仅应加收“真实成本费”（包括所有间接成本），还应提高现金流转的安全和维护标准，使现金使用更加昂贵。麦肯锡在这份报告中还列举了一些实际案例。例如，在芬兰，支付服务商通过组建卡特尔[①]使现金使用成本增加，从而极大地抑制了现金支付的份额。除此之外，加拿大、挪威和澳大利亚等国的中央银行也与其他银行合作，以期实现相同的目标。

优于现金联盟

如果我们注意到优于现金联盟的存在，就不难发现维萨和万事达卡结盟抑制现金这一事实。虽然优于现金联盟隐身于其后，但它的存在无法被掩盖。优于现金联盟创立于 2012 年，创始成员包括盖茨基金会、eBay（易贝）创始人皮埃尔·奥米迪亚设立的慈善投资机构奥米迪亚网络、美国有影响力的花旗银行、维萨公司和福特基金会等。美国国务院也通过其在当地的发展促进机构美国国际开发署参与其中。位于纽约的联合国资本发展基金作为其秘书处。

---

① 卡特尔指生产同类商品的企业，为获取高额利润，在划分市场、规定商品产量、确定商品价格等一个或几个方面达成协议而形成的垄断。——编者注

万事达卡公司没有进入官方创始人之列，或许是因为创立者们不愿让媒体察觉到其背后隐藏的商业利益冲突，毕竟这家公司在此之前因商业原因曾对现金宣战。经过一年的潜伏期，万事达卡终于加入了这个来自硅谷，由华尔街和美国政府共同构建的公共私人反现金联盟。[6] 在这里，“硅谷”这个词具有广泛含义。它应包含美国西海岸所有的 IT 巨头和初创公司，而不仅局限于只有总部设立在地理位置上的旧金山南部、享有盛誉的硅谷的公司。“华尔街”也泛指在全球范围内活跃的美国大型金融财团。

有明确迹象显示，万事达卡公司是除美国国务院和盖茨基金会以外的推动联盟建立的重要力量。在此前两年，盖茨基金会和万事达卡公司已是联合国资本发展基金的最大捐助者。它们占该组织预算的 20% 以上，可在过去几年中，它们只提供了少量的经费。它们的慷慨捐赠或许强化了美国政府为优于现金联盟在自家正名的意愿，使其有机会向外界展示，它就像是联合国的一部分。有了这样看似合法的外衣，联合国资本发展基金不仅在名分上归属于联合国大家庭，而且也成为联合国旗下的一个自治组织，有点像“私生子”一样，很容易凭其身份获取利益。[7] 我们不能仅凭其名称中的“联合国”字样，或其办公场所和地址位于联合国就判定其隶属于联合国。但为其游说的团体却振振有词，就好像它真的具有联合国授权人身份一样。它出版的旨在动员政府和其他合作伙伴打击现金的小册子，也会伪装成联合国的报告进行销售。甚至它还自称为“建立在联合国基础上的组织”。[8]

该联盟的官方计划隐含在其中规中矩的新闻稿标题中，正如万事达卡公司对其贡献声称的那样：以 150 万美元的承诺增强了全球运动的势头，强化了人们从现金支付转变为电子支付的能力，并促进了经济的增长。万事达卡公司直言：我们很高兴能够通过联盟向人们传递现金的高成本信息。政府、非政府组织[9]及企业应建立联盟以终结现金。[10]在此，它使用“强化了人们……的能力”的措辞不乏卑劣之心。因为它们要剥夺人们的一种支付选项——可以在自己的控制下用合法的支付手段去支付的机会，它强迫人们使用某些支付工具和手段——这就使其他人最终掌握了控制权。

直到 2010 年，万事达卡公司还在为增加自己的利润与现金作战。在 2011 年，它们才蓦然意识到，改善世界和消除贫困更为重要。从那以后，“反现金战争”已不再是合适的谈资。我们认为，万事达卡公司最后一次在其出版物中使用这个词可以追溯到 2010 年。当时，《福布斯》杂志在一篇关于万事达卡令人期待的巨额利润增长的文章中写道：“该公司表示，利润来自电子支付的增长，而这正是由万事达卡的老板阿贾伊 · 邦加所称的反现金战争推动的。”[11]

优于现金联盟在官网上是这样描述其目标的：“数字支付已发展成为一种促进普惠金融的重要工具。它能够降低穷人使用金融服务的成本，提高使用储蓄、支付及保险产品的安全性和舒适度。”[12] 从那时起，“反现金战争”一词就演变成相对来说容易被人们接受的“普惠金融”一词。在此，读者不由自主地会联想到那些身有残疾的儿童或青少年，他们本应被收留在与他们同龄的非残疾人群体中，而不是被“置于”特殊设施里。然而在实践中，普惠金融仍然和从前一样意味着反现金战争。这是因为，万事达卡、盖茨基金会等发起“反现金战争”的目的是减少现金支付，特别是针对那些几乎没有享受过银行服务的穷人。这在原则上并没有错。协同与潜在客户的利益往来，是每一个金融服务商的正常商业目标。如果金融业提供的服务比没有成本的现金更实惠且让穷人负担得起，它才能帮助那些穷人并为企业带来利润。而这正是市场经济体制自身的益处，并没有特别意义上的帮助，不值一提。“反现金战争”的吹鼓手却试图将普惠金融描述为消除贫困和推动发展的奇药。优于现金联盟仍在其网站相关内容中视普惠金融为战胜贫困和取得包容性增长必不可少的工具，并且声称，随着现金支付的减少，不平等现象也会减少。

因为将其业务扩展定义为消除贫困和推动发展所必不可少的一种过程，万事达卡和维萨就可以打着一个主观臆想和善意的幌子在全球推进去现金运动。如果人们不局限于在研讨会和专家范围内讨论此议题，这就成了公开的秘密。如果联盟的成员怀有利己的动机，他们甚至无须否认，因为这种商业利益是为了最终实现全球脱贫的崇高目标。

信用卡公司究竟为什么要这么做，而且必须这么做？在2010年的行业资讯中，尼尔森报告给出了贴切的答案：“万事达卡和维萨必须开发海外新业务。它们需要处女地。在那里，竞争不会影响到利润率。”[13]

多年来，华盛顿不遗余力地邀请发展中国家和新兴经济体加入优于现金联盟，并获得了成功。

联盟合作伙伴的动机

不只是信用卡公司将商业利益隐藏在其世界改进者的外表背后。据麦肯锡全球研究院的一项研究报告，如果完全采用数字化支付，全球金融业每年可节省超过4 000亿美元的直接成本。除此之外，全球规模更大、更活跃的客户群体每年可以增加4.2万亿美元的收入。[14]

这恰好说明，无论上面的数字有多么夸张，也丝毫不妨碍花旗银行成为优于现金联盟的创始成员。作为活跃在全球金融舞台上的最大的国际银行之一，花旗银行代表着所有银行的利益，要实现更大的利益即要消灭现金。银行的现金供应业务入不敷出。去现金给我们这样的银行客户带来了不便，但对银行却会产生价值效应。也就是说，我们的钱都被银行系统锁死。如果没有现金，人们虽然能够将自己的钱从一家银行转到另一家银行，但却无法将其从银行系统中取出。当银行业陷入困境，而政府又手头拮据，无法施以巨额救助时，它们就会集体沦陷。这些银行反过来通过负利率逐步自我修复，逐年降低对其债主的债务。这种转变或许也会通过另外一种方式实现，即国家规定将其资产规模缩减20%～30%，甚至50%。正因为没有现金，银行客户的钱都被锁定在银行系统中，无法摆脱灾难。

优于现金联盟中的另一股重要力量来自美国西海岸的信息技术产业巨头。它们也是出于对商业利益的考量而爆发出对普惠金融的激情。正如德国总理默克尔所述，数据是21世纪的原材料。用欧盟专员的话来说，它们就是“互联网的新石油和新货币”。[15] 以前的石油大亨就是今天的微软、Alphabet、亚马逊、苹果和脸书。它们在中国的同业巨头则是百度、阿里巴巴和腾讯。以市值衡量，这些巨头基本上都称得上是全球最有价值的公司。不仅如此，它们创造了数字经济时代的软件、硬件、服务器和平台。作为回报，它们有时会获得金钱，但首先是获得数据，并将其转化为金钱和权力。在现金交易中，不会产生可以让它们造访和利用的数据，也没有服务商可以从中牟利。而在数字货币交易中，会产生极其有价值的数据，比如，我们有多少钱以及我们最终是如何支配这些钱的数据信息。数字识别技术对无现金支付的进一步发展具有非常重要的意义。在这方面，那些硅谷公司及其中国同行也同样是领头羊。

我在这里要引述一个特别好的案例。它告诉我们如何通过申请专利来防止非法使用用户的支付数据信息。该专利保护万事达卡公司的一个流程，即可以根据用户的购物数据计算其身高和体重，以便将此信息出售给航空公司，而航空公司可利用此信息为乘客自动分配合适的座位。航空公司当然可以直接询问客户的身高和体重，但万事达卡公司推测，当事人通常可能不会如实地回答这个问题。[16]

贝宝是世界领先的互联网支付服务商，其资金来源于母公司易贝及背后的奥米迪亚网络。该公司首席执行官丹·舒尔曼于 2015 年在华盛顿参加了一个有关普惠金融的论坛。他曾宣称，普惠金融是一个巨大的商业机会。用他的金句表述，就意味着要“把人们引入系统”。[17] 而现金的衰落与贝宝的商业利益之间的关系也被他一语点破。奥米迪亚网络当然也有相应的利益诉求。它是慈善基金会与商业非营利性风险投资公司的混合体。因而它会高度关注普惠金融和数字身份识别领域的发展。奥米迪亚网络在其官网上写道：“数字身份是获取网上银行、政府福利和许多其他服务的必要条件。”“在构建数字身份模板时，我们将投资于创新型初创企业，加强研发投入，以寻求一个基于政策和技术基础之上的解决方案，确保由此构建的数字身份识别系统能够给所有人带来经济和社会红利。”[18]

在全球范围内，绝大多数政府部门都在使用装有 Windows（微软视窗操作系统）操作系统的电脑和软件，而微软的背后站着盖茨基金会。仅德国联邦政府每年就要向微软支付超过 2.5

亿欧元的特许权使用费。[19]此外，许多原来检测人类基因的生物设备也是 Windows 开发的。所以全球普惠金融还给微软带来了附加的收益，特别是价值连城的数据。微软也就理所当然地成为面部识别和生物识别技术以及云计算领域的领先公司之一。

美国政府是通过其发展援助机构美国国际开发署加入优于现金联盟的。和其他国家政府一样，它尽力做好政府该做的事：把国内金融和 IT 服务商的利益当作自己的利益，促进这些美国公司发展壮大，并最终使它们在全球各领域占据主导地位。它们覆盖了国际支付、投行、互联网、社交媒体、存储（云）技术、软件产品和大部分 IT 硬件市场等领域。这些金融和 IT 服务公司为美国带来了高额的贸易顺差。仅 2015 年，美国银行服务业出口额高达 740 亿美元，而进口额仅为 180 亿美元。在 IT 软件和硬件领域，其外贸盈余可能更高。因此，美国政府视创新型金融科技（FinTech）为具有重要战略意义的行业。在其发表于 2017 年 1 月的白皮书中就有这样的描述：要保持美国在全球的领导地位，就必须以扶持美国本土的金融科技公司出口其产品和服务为先决条件。

美国政府与此相关的其他战略利益也要力所能及地维护和追寻这一基本利益。当美国总统唐纳德·特朗普在 2017 年宣布削减发展援助预算时，他就明白了美国政府的利益格局：在削减发展援助预算时，绝不能降低对普惠金融的扶持力度。因为这些资金为美国企业和国家安全所用。美国的金融机构应当是全球性的领导者。美国普惠金融中心负责人伊丽莎白·雷恩说：“如果所有这些参与者都聚集在美国政府的保护伞下共同努力，他们就会创造出一个隔离出来的金融世界。”雷恩先前负责过美国国际开发署的一个小额信贷项目。[20] 由于普惠金融有利于国家安全，她对其总统在全球范围内抑制现金运动的举措有更独到的见解：“通过普惠金融，资金流动更加透明，这就使恐怖分子的融资变得更加困难。”

我想再次引用贝宝首席执行官丹·舒尔曼那个传神的金句，普惠金融就是要“把人们引入系统”。在这个系统中，他们可以被“观察和服务”。这是微软创始人比尔·盖茨在华盛顿的一个论坛中说的。这些能带来利润的业务都由美国公司承担，而负责监管的也是美国机构。盖茨建议，要防止资金流向美国之外的系统而不和美国系统接轨。否则，监管的难度将会大大增加。人们将无法得知“哪些是已知的正常交易，需要去监护，哪些是我们想阻止的交易而需要去阻止”。[21]

这并非什么新的思路。早在 2012 年，时任美国总统奥巴马就通过法令在美国国际开发署下设了全球发展委员会。这是一个智囊机构，致力于给总统提供如何通过发展政策增强美国实力的政策建议。该法令的第一句话就解释了美国政府从事发展援助的动机，即“为了捍卫美国国家安全，促进美国在全球的经济……等战略利益，美国政府视发展援助政策为国家政策，是提升美国实力特别重要的支柱”。[22] 从这个意义上说，美国国际开发署的声明就有助于我们理解，它是怎样实现美国政府的发展援助目标的："美国国际开发署鼓励各国政府创建有利于数字支付增长的监管环境，并与其合作，为穷人扩展数字金融服务。"此外，美国国际开发署确保自己和其他捐助者的款项仅以非现金方式发放，从而创造对数字支付的需求。[23]

在这个总统的全球发展委员会中当然少不了无处不在的盖茨基金会的代表，其中还包括大量金融机构的代表。这个由华尔街和硅谷主导的委员会给总统的建议也毫无悬念，就是把所谓普惠金融作为美国发展援助及安全政策的首要目标。

消灭现金可以从许多方面提升美国国家安全和战略利益。位于华盛顿的新美国安全中心是一个由民主党和共和党人共同参与的跨党派地缘政治研究机构。该机构认为金融制裁是经济战的新式武器。美国金融体系的规模、流动性和一体化是美国重要的战略优势。正因为如此，才使美国可以通过金融制裁手段将某些国家、公司或个人剔除在外。[24] 任何活跃的国际银行都可以被美国勒索。因为撤销美元及美国业务许可对它们来说都是毁灭性的打击。我们回顾一下德意志银行在 2016 年的惨痛经历。当时它不得不与美国财政部谈判数月，以应对 140 亿美元的罚单和因此引发的破产危机。这件事最终以德意志银行缴纳一半的罚金收场。[25]

如果你可以在未经审判的情况下使几乎每个国家的大型银行破产，正如美国财政部那样，那么你也就可以对任何国家的政府施压。融入这一金融体系的国家和民众越多，融入程度越深，其制裁的权力就越大。此外，数字化支付越来越多地使用美元。例如，对在非洲提供移动电话支付的美国公司来说，用美元结算当然更具吸引力，也更为方便。

“国家安全”通常指的是采用军事或其他力量打击恐怖势力。恐怖分子可能藏身于巴基斯坦、也门、马里、尼日利亚或其他许多国家极偏远的角落。我们无法通过观察站将他们尽收眼底。这就推动了一种能实现自动和统一监控的形式出现，即以数字化支付取代现金支付，使世界上任何偏远的角落都能被系统覆盖。硅谷企业也密集参与其中。从谷歌员工在 2018 年向公司高管层发布的一封抗议信中，我们可略知一二。谷歌当时参与的军事项目 Maven 服务于美国军方无人机智能化，旨在提高使用大数据和机器学习的能力。[26] 这曾遭到部分员工的抵制。如果没有现金，先进的生物识别技术能让任何使用手机或电脑的人都无可遁形。反恐的目标就类似于，用无人机精准攻击那些正在计划实施恐怖袭击的人，以免伤及众多无辜者。对于不那么严重的违规和不良行为，则可以施行分级制裁，即从信用降级到冻结公司或个人账户等。

美国国际开发署、世界银行和公私合作伙伴

优于现金联盟后台组织强大，并且这个强大的后台组织中

具有很多有影响力的成员，这个后台组织即名为世界经济论坛的俱乐部。这个由亿万富翁、企业巨头组成的俱乐部已经具有了政治影响力。在 2018 年的世界经济论坛年会上，唐纳德·特朗普、安吉拉·默克尔、特蕾莎·梅、埃马纽埃尔·马克龙、让－克洛德·容克、贾斯廷·特鲁多、纳伦德拉·莫迪等大约 70 名国家元首和政府首脑表示了对它的关注。

世界经济论坛本身不仅有促进数字化支付的项目计划，还支持创建与此相关的、广泛的人类生物数据库。例如，它在跨国企业，如纺织巨头 GAP（盖璞）这样的大型跨国公司的供应链管理中，要求贫穷国家的供应商完全转向数字支付。如果有当地的公司拒绝以非现金方式支付员工工资和供应商货款，它就会被剔除出供应商队伍。[27]

在 2000 年举行的 G7（七国集团）峰会上，世界经济论坛这个具有全球影响力的经济组织表达了促进全球数字化支付的愿景。它希望正式地、渐进地促进公共和私人的合作。[28] 在此愿景下，美国国际开发署在全球发展伙伴关系，毫不掩饰地把自己从政府机构的角色转变为华尔街和硅谷的服务商。它为私人合作伙伴宣扬“美国公司越来越把发展援助看成一个核心战略问题，而非慈善事业”。[29] 私人合作伙伴得到了政策的支持：全球发展伙伴关系不仅要促进美国政府的发展援助目标，还要促进私营部门的商业利益。它们为公司打开了廉价产品的新市场。按照优于现金联盟的说法就是，这种发展伙伴关系既促进了相关公司的商业利益，又实现了美国政府的战略利益。

世界银行对七国集团峰会的这一诉求持开放态度。它视自身为让大型国际公司、发展中国家和新兴国家合作的催化剂。时任世界银行行长金墉不再那么依赖国家资金了，他想说服私人投资者，如果他们投资世界银行的项目，他们也可以赚到钱。《纽约时报》的一篇报道用肯定的标题发表评论：世界银行发现自己是重塑华尔街的造物主。[30]

世界银行很重要，因为它在一个集团中扮演着至关重要的角色，而这个集团就像优于现金联盟的“姐姐”。因为它长期以来一直在追求着与后者类似的目标。该集团甚至在名称上都体恤穷人，它被称为世界银行扶贫协商小组，成立于 1995 年。在初期，其缩写中的字母“P”代表的是最贫穷（Poorest）的人，很快，人们就悄无声息地用“P”来表示穷人了。[31] 这也许是因为最贫穷的人所指太少，并且支付能力太低，不能成为那些利润驱动企业的目标群体。世界银行扶贫协商小组当时的大多数参与者也成了后来的优于现金联盟的创始成员，如盖茨基金会、奥米迪亚网络、万事达卡公司和花旗银行等。今天，这两个成员高度重叠的组织共同活跃在全球反现金运动的前沿。

世界银行扶贫协商小组秘书处设在华盛顿。美国国际开发署直接隶属于美国政府，但世界银行及其姊妹组织国际货币基金组织却并非如此，它们只是间接受制于美国政府。美国前总统卡特的国家安全顾问和地缘战略家兹比格涅夫·布热津斯基在 1998 年就描述过它们真正的权力归属。他认为，从形式上说，这两个机构都代表着全球的利益。然而，当它们于 1944 年被美国从地狱中解放之后，实际上就被美国所主导。[32] 美国一直占据着世界银行行长位置，并确定它的发展方向。世界银行首席经济学家保罗·罗默于 2018 年初曾公开表示，世界银行多年来一直在操纵对智利的评判，使左倾政府的执政看起来很糟糕，而对美国友好的右翼政府则伪装得很好。这一言论令其失去了工作。经济学家已经证明，美国的利益影响着世界银行和国际货币基金组织的决策。[33]

从小额信贷通过普惠金融实现去现金

世界银行扶贫协商小组与优于现金联盟在成员上的大量重叠并非巧合。因为它们主要的关注点最终是相同的：使尽可能多的人，尽可能密切地融入这个美国主导的、形式上的金融体系。

早在 20 世纪 90 年代，世界银行扶贫协商小组就致力于这一目标。它们大力推广穆罕默德·尤努斯的小额信贷模型并获得认可。尤努斯也因其特殊贡献获得了 2006 年的诺贝尔和平奖。起初，尤努斯是通过在孟加拉国创建的格莱珉银行向穷人提供扶持性小额贷款，这正好顺应了世界银行的扶贫理念。世界银行扶贫协商小组做了两件事：宣传推广了这个创意，同时也将其染上了铜臭味。它认为，只有产生盈利，这种模式才能得到“可持续性”发展。在美国政府的大力支持下，商业小额信贷这个细分市场得到了长足的发展。格莱珉银行也从此转型为营利性商业银行。那些未受过教育的村民既没有资本，也没有抵押品，他们获得贷款的利率却高达30%，有时甚至超过100%。这和发生在美国的次级贷款很相像，就是把钱贷给不具有商业信誉的美国人去购买房屋。许多银行通过这种滚雪球式的次级贷款赚得盆满钵满，却还冠冕堂皇地给自己穿上改善民生、促进社会公平的外衣。它们声称，这是为了让社会上最贫穷的成员也能获得房屋所有权，特别是有色人种。世界银行扶贫协商小组的成员花旗银行就是这个次级贷款领域的大玩家。房地产和小额信贷这两条业务线距离有多近，可以从许多人的履历中窥见端倪。盖茨基金会金融服务项目副主任贾森·兰姆以前就一直负责华盛顿互助银行的风险管理业务。那曾是一家最肆无忌惮大规模发放次贷的银行，在雷曼兄弟倒闭几天后，它就宣布破产重组了。[34]银行家莫娜·卡什瓦哈也曾负责花旗银行的抵押贷款风险管理业务，后转入小额信贷业务领域。[35]类似的从业经历比比皆是。

面向穷人的小额贷款可以赚很多钱，这个发现来自穆罕默德·尤努斯本人。他注意到，通过建立与村民间的密切关系，可以大大提高还款率。例如，银行在向村民团体提供昂贵贷款的同时也把对方置于道德压力之下，每个人都必须维护集体的信誉，村民社区还会为借款人提供担保。通过这种方式，尽管利率高，小额信贷提供商还是能够长期确保低坏账率和相当可观的利润。

尤努斯算得上是世界银行扶贫协商小组的第一个科学顾问。他的承诺的分量也无人可比。他在 1997 年声称要通过一代人的奋斗，用小额信贷消除世界贫困，特别是使妇女的状况得到根本改变。届时，我们的孩子只有去贫困博物馆才能了解什么是贫困。[36]

小额信贷业务在许多贫困国家发展迅速，市场也很快发生了转变。实现尤努斯的承诺的条件已经具备，而结果却并不如他们预期的那样乐观。高利率使越来越多的借款人陷入困境。穷人们宁愿挨饿，不让孩子上学，卖牛或卖地，也不愿意承认付不起钱。他们甚至借新债来偿旧债，实在没有办法时，作为家庭支柱的父亲们就会因感到羞耻而轻生，自杀就像流行病一样，一次又一次地在各个地区暴发。[37] 这种系统性债务危机自 2008 年后在许多国家爆发，包括在尼加拉瓜、巴基斯坦、印度和孟加拉国。[38] 孟加拉国的小额信贷危机导致政府对格莱珉银行进行调查，尤努斯被强行从银行领导层中剔除。

不可否认的是，他们的做法过于偏激了。2017 年初，德国中央银行行长延斯·魏德曼警告称："2010 年在印度发生的小额信贷危机告诉我们，如果太多的次级贷款借款人可以轻易获得贷款，后果令人担忧。"[39] 由华盛顿大型"非营利性"小额信贷公司芬卡（Finca）在 2014 年委托进行的一项研究也证明了这个事实。[40] 该研究报告指出：“芬卡和我们的员工一起组成了一个担负社会责任的放贷方研究团队。我们迫切希望能够避免在墨西哥发生像其他国家那样会带来巨大损失的债务危机。”对来自 79 个国家的小额信贷从业人员进行的调查显示，过度负债是各地最焦虑的问题。报告作者强调：“这种情况对借款人及其家人来说是毁灭性的。他们的债务会不断增加。他们还要支付高额的罚息，有时还会碰到血腥的讨债，因而不得不借新债来偿旧债。”[41]

2016 年，当芬卡将其墨西哥子公司及客户出售给 Te Creemos（西班牙语，意为“我们信任你”）公司时，人们对芬卡雇用高薪管理团队管理穷人的猜测才得以证实。[42] Te Creemos 被认为是业内最臭名昭著的高利贷放贷者之一，贷款利率超过 100%。[43] 早在 2014 年，芬卡首席执行官的薪酬就达到了非营利性企业的上限 120 万美元。在芬卡成功出售其在墨西哥的资产后，按照行业推测，又有大量资金流入这些会让世界变得“更好”的经理人的口袋了。该行业及其拥护者是逃避责任者。当他们不得不为自己的毁灭性行为辩护时，他们通常将灾难责任归咎于其他替罪羊，而不去反思这种复制过来的利润驱动模式本身。比尔·盖茨还有另外一种解释。他认为，因为与借款人互动的成本很高，所以放贷方才必须收取高额利息，这正是盖茨基金会积极参与和推动数字化支付的原因。[44]

他们最愿意看到的是，以沉默来表达这个行业已死，并用一个新名称去继续宣扬同样的思想，做出虚假的承诺。就这样，我们转瞬间进入了反对现金运动的核心。至于如何向新的、不那么令人生疑的概念过渡，一份在咨询委员会主持下做出的专家报告给出了答案："随着小额信贷机构不断地发展和完善其为穷人开发的金融服务产品，就产生了小额信贷这一概念。近期以来，人们已习惯用普惠金融来表述此类服务。"[45]

实打实的普惠金融将是一件好事。几乎没有人怀疑，在德国没有银行账户的人会遭受某种形式的排斥。真正的普惠金融要求每个人都有机会获得基本的金融服务，拥有一个可以无现金收款和汇款的账户，诸如此类。在印度农村和马拉维共和国，则很少有人能够负担得起使用正规金融服务的费用。因此，在那里具有不同的排他性构架。人们没有足够的资金去为使用金融服务付费，因而被排除在金融系统之外。一旦他们有机会赚了足够的钱，这些金融服务将会自动到来。如果你给他们一个银行账户或让他们可以自己开设一个账户，但他们仍然没有钱，这可能会对他们有一些帮助，也许根本没有帮助。世界银行、盖茨基金会和优于现金联盟在2014年发表了一份联合报告，其中对普惠金融的描述从用词到观点都与之前的小额信贷无异。"被排除在正规金融系统之外的是女人、穷人、小型企业及一些因其他原因被排除在外的人，他们只能依靠非正式和半正式的（极其有限的）储蓄和信贷来维持生计、投资教育或企业。要消灭收入不平等并推动经济增长就变得非常困难。"[46]这种表述很像它们过去不断重复的谬误，即如果让最贫困的人拥有一个自己的银行账户，他们的储蓄就会受到更少的限制，凭借此能让他们更好地发展经济。对这种观点，目前还没有翔实的证据支持，正如我们下面将要讨论的。

普惠金融成为去现金的新术语

普惠金融或金融排斥等术语无疑出自于作家乔治·奥威尔。他在其未来小说《一九八四》中，描述极权主义政府时发明了这一新术语。书中虚构的统治者通过创建和宣扬新术语来改变和控制民众的思维。他们把词义或口号通过逆向思维加以定义以达到此目的，如“战争即和平”“自由即奴役”“无知即力量”等。事实上，当人们作为门外汉听说给予受到金融排斥的人帮助时，一定是一头雾水。必须先想清楚这到底意味着什么。说白了，这就是要通过施压把现金使用者变成金融或电信服务商的用户。难道不是吗？

在一份政府的战略性文件中，世界银行扶贫协商小组指出，与私营部门的伙伴关系和可持续发展观对于普惠金融至关重要。[47] 在这里，它们给具有积极意义的可持续发展概念装入了一些完全不同的内核，即可持续性发展与普惠金融结合就意味着谋取商业利益。根据这种意识形态，人类的利益依赖于这些商业企业的努力，而他们只有在获利的情况下才能持续参与其中。如果未采用奥威尔式的反义解读法，维萨公司在分析师和投资者面前所描述的目标听起来味道就不一样了。维萨的首席执行官阿尔·凯利在2017年投资人会议上表示，消灭现金是他的首要任务，将现金支付转换为电子支付将是维萨公司促进增长最重要的抓手。[48]

世界银行扶贫协商小组的工作手册上强调，普惠金融要求能够有效地实现与金融系统的对接。[49]而只有当客户确实使用了数字金融服务并同时给服务商带来利润时，才有可能实现这种对接。试举一例，假如所有公民都可以从国有银行或邮局获得一个免费账户，那么按照这个定义他们仍是被排除在系统之外的，因为这种服务从追求利润的意义上讲是不可持续的。根据这个定义，那些因偏好使用现金而决定不使用其账户的人就都被排除在金融体系之外了。换句话说，如果不抑制现金交易，就没有真正意义上的普惠金融。但是，由于现金既是最容易使用的，也是最便宜的支付手段，这实际上是别有居心：取消人们使用现金的选择，或让现金变得不再具有吸引力。拒绝普惠金融就成了金融排斥的代名词，“金融排斥者”就可以被理解为“现金使用者”。

在2015年12月的华盛顿普惠金融论坛上，“反现金”作为首要任务就被明确地提了出来。贝宝的首席执行官丹·舒尔曼称，要将现金作为主要竞争对手给予打击。知名的联合国普惠金融问题特使、荷兰王后马克西玛·索雷吉耶塔说：“现金就是敌人。”同样简洁的表述也被来自非洲的跨国电信集团 Econet

的创始人兼执行主席斯特莱弗·马西伊瓦提及。Econet 是非洲一家拥有支付平台的主要移动运营商。[50]

与此相反，这离要优先帮助穷人的目标还有些距离。联合国贸易和发展会议（UNCTAD）发展融资部主管斯特凡妮·布兰肯堡并不认同这些似是而非的言论和概念。她就曾不无道理地反问：“如果有人每天挣两美元，他有什么理由去使用仍需支付费用的银行服务？”[51]

世界银行在其官网有关“普惠金融”的条目中对此质疑给出了最原始的答案。它指出，在没有银行账户的人中，有 59% 的人称他们没有足够的资金，因而银行账户对他们来说失去了意义。世界银行并没有认识到这些人最需要的是更多的钱。因此，结论应当是“金融服务还没有达到普惠或者没有按低收入用户的需求量身定制”。[52] 一份来自世界银行、盖茨基金会和优于现金联盟的共同报告也误入歧途，没有得出正确的结论。作者在报告中抱怨称，有超过四分之三的成年人每天生活费不足两美元，他们中竟没有一个人在正规金融机构开户。他们由此得出结论：“数字支付创造了一个机会，让穷人参与到自动储蓄或反向的储蓄激励系统中，还有助于克服储蓄的心理障碍。”[53] 准确来说就是：他们的问题在于不够自律，不能从每天不到两美元的花费中省出钱来用于储蓄，以把自己从贫困中拯救出来。

早在 2009 年，一份世界银行扶贫协商小组的报告中就出现过同样的观点，即他们对此信心不足。报告中承认“人们对是否能通过金融服务来提高收入并摆脱贫困存在巨大的争议”。但这些都不重要，因为“无论储蓄和信贷是否有助于人们摆脱贫困，穷人只看重正规金融工具，因为这能帮助他们应对贫困”。[54]

从对此政策成果的极低要求来看，用小额融资和普惠金融确实无法像所承诺的那样消除全球贫困。在尤努斯做出消除贫困激昂承诺的20多年中，以及在他创立格莱珉银行35年的历程中，也就是整整一代人的时间，他甚至一次都没能拿出被广泛接受的证据，用以证明小额信贷、小额融资或普惠金融对减少贫困做出过任何有价值和积极的贡献。那些以消除性别歧视为目的而设立的正式的金融服务，经过一代人的实践，依然被拿出来为普惠金融的紧迫性做挡箭牌。可恰恰是中国，这个过去没有普惠金融行业的国家，却成了全球极端贫困人口比例减少最多的国家。

如果有人说自己并不关心那些打着消除贫困的幌子在发展中国家的所作所为是否有效，那也请不要忽视普惠金融。正如我们将要揭示的那样，它曾是企业和政府联合打造全球反现金联盟的托词。它们的活动起初只集中在较贫穷的国家，但这场运动现在已入侵工业国家，德国也深陷其中。

错误的承诺和购买的证据

关于普惠金融无益于消除贫困的发现不同于以往众多研究

的结论。因为它们都声称可以证明普惠金融对消除贫困具有积极作用。这也是普惠金融的推广者喜闻乐见的结果。导致这一分歧的部分原因在于，那些经常被引用的“证据”有很大一部分出自美国的知名咨询公司，例如麦肯锡或波士顿咨询公司等管理咨询公司。它们为了获取丰厚的报酬或出于其他利益，乐于发表一份合适的研究报告，并给出准确的数字，告诉你消除现金可以节省多少钱以及产生多少增长。可这些数字顶多只能算是粗略概算，因为它们是在最简单的并且通常是完全不切实际的假设条件下得出的，而且通常人们甚至还无法得知这些假设。这样的假设甚至有时是信手拈来的。

由于对这些报告并没有严谨的学术要求，所以没人去认真地加以研判。但由于世界银行和各种反现金集团需要明确的证据，所以它们总会呈现在这些人手中。一个典型的实例就是麦肯锡通过其全球研究院“计算得出”的 1 100 亿美元全球贪腐资金数字，据称这都是使用现金而导致的，即每年被用于行贿而从公共财产中流失的钱。全球有三分之一原本用于救济的现金援助款都被截留进入错误的渠道，这个被普惠金融业内人士经常引用的结论也出自这个研究院。[55] 这一切没有证据，麦肯锡当然不会给出估算数字，也不会告知到底哪部分数字支付援助款被截留。根据同样的逻辑，麦肯锡全球研究院得出并传播着以下结论：发展中国家和新兴国家第二年可以通过数字金融服务提高 3.7 万亿美元的经济总量，仅这个增加量就超出了整个非洲的经济产出，还可以创造 9 500 万个额外的工作岗位。[56]

至于这些咨询机构宣传册的价值，也被作为一个“科学”问题加以研究并得出结论。事实上，它们连其印刷费都不值。那就是在对由英国政府出资所做的对所有小额信贷的效果分析进行系统评估后而得出的不利结果。结论是：“目前的热情是堆积在沙滩上的。”[57] 在最近出版的有关“有史以来最受欢迎的发展理念”的论文集中，小额信贷甚至被认为总体上是有害的。在书中撰文的人类学家、经济学家和政治学家给出的评价如下：它破坏了群体的团结和信任，削弱了当地经济，阻碍了男女同权的进程，加剧了贫困化和金融排斥。[58]

但这怎么可能呢？过去那么多的研究竟然得出了完全相反的结论吗？答案很简单：花了钱的。经济学早就被赋予了这个功能，即为牟取利润和权力提供一套非营利性的隐身衣。世界银行扶贫协商小组在 2009 年发布的一份报告中，就相当坦率地勾勒了该计划科学的腐蚀性。报告的标题为“出资人的角色”，标题下的解释是，“需要更多的研究来证明普惠金融在社会保障中的价值”。这使那些想要为其研究院获取赞助资金的人明白了一点，那就是其研究成果必须朝那个方向走。“需要更多的研究”还体现在“更好地理解银行的商业机会，以便政治家可以制定相应的激励措施”。受到资助的科学家也应该为万事达卡、花旗银行等进行市场调查，以便为普惠金融的说客们创建有利可图的商业模式提供外部的制度支持。

他们还把南非的一家公司作为这种商业模式的样板供人学习。这家公司将国家援助项目的资金转移支付给收件人，同时向其提供消费贷款。该企业可以直接介入到国家未来的福利资金中。这无疑成了它放贷的担保金。该公司事实上有了很好的套期获利的机会，这里还有一句建议，即“给予适度的监管不会伤害这种模式”。[59]

为了让更多的科学家以预定的结果进行此类研究，盖茨基金会及一些联盟合作伙伴向许多美国领先的大学的教授和研究院赞助了共计数千万美元。2009 年，盖茨基金会捐赠 100 万美元在芝加哥大学创立了金融系统与贫困研究院。该研究院重点支持的项目是，研究加入肯尼亚移动支付系统（又称移动手机钱包，M-Pesa）的贫困人口在陷入危机时是否比那些没有加入该系统的人更容易获得帮助，具体研究方向包括施助者范围是否更广泛，以及是否获得更多的资金支持等。这没有什么令人称奇的地方，也并不意味着像其所声称的那样，这种移动钱包会给那里的人们带来钱。理由很简单，如果你没有国内外的潜在施助者，也就没有理由加入该移动支付系统。如果在统计分析中没有考虑到这一点，那么就会得出参与肯尼亚移动支付系统就能获得更多钱的结论。[60]

美国加州大学的货币技术与普惠金融研究院也从盖茨基金会获得了数百万美元的资金赞助，以各国（包括印度、墨西哥和美国）现金成本为主题进行了许多文献研究。研究人员计算出来的成本很高。[61] 在纽约大学，乔纳森·莫杜奇教授在2006年得益于盖茨基金会的资金启动了金融切入计划。[62] 盖茨基金会也是全球发展中心的最大捐助者。全球发展中心的总部设在华盛顿，并在伦敦设有分部。2018年，该机构仅从盖茨基金会就获得每月50万美元的资助。[63] 盖茨基金会还与万事达卡、微软、花旗银行及其他公司一起，为塔夫茨大学的全球背景下的商业研究院提供资金。在这里，它们为贫穷国家的政治家中那些“冉冉升起的新星”提供普惠金融教育。[64] 盖茨基金会与优于现金联盟的合作伙伴美国国际开发署一起，在加州大学伯克利分校赞助了一个全球有效行动中心，主要研究农业创新金融解决方案。[65]

盖茨基金会资助的重点机构还有位于波士顿的精英大学麻省理工学院的阿卜杜勒·拉蒂夫·贾米尔贫困行动实验室，以及与该实验室紧密交织的、半商业化的贫困行动创新研究所（IPA）。根据其2015年的年度报告，后者的赞助商还包括优于现金联盟的其他成员，例如花旗银行、美国国际开发署、奥米迪亚网络、福特基金会以及其他一些非联盟成员机构，如贝莱德集团、德意志银行和摩根大通等。2015年，这些有实力的捐助者共捐赠近4 000万美元善款，使该研究所能够网罗更多优秀的研究人员专注于研究。贫困行动创新研究所最近就向科学家们提供了410万美元的研究经费，“将实践如何通过数字金融服务使女性强大”。[66] 很明显，一个对工作结果没有预设目标的研究人员是没有机会获得数百万美元资助的。

布鲁金斯学会是美国最重要的经济研究机构之一。盖茨基金会在2008年资助了该机构580万美元，目的在于建立一个名为“非洲增长计划”的项目。[67]该机构成员定期编写论文，旨在强调金融创新和普惠金融对促进增长的重要意义。这些文章有时甚至毫不掩饰地宣传其主要的赞助商优于现金联盟，并且话语非常精准直白，诸如“2018年将是所有非洲国家经济体加入优于现金联盟的大好时机”。[68]

为了让已经成为时尚的经济学在发展中国家进行可控的现场试验，并取得有关普惠金融的正确结果，盖茨基金会作为主要赞助商于2008年设立了国际影响评估倡议。仅在前五年，盖茨基金会就承诺了2 100万美元的赞助款，其他的捐赠款也来自反现金阵营。[69]

同样，在发展中国家，许多机构也得到了赞助，致力于提供反现金的科学证据。南非的金融监管和包容中心就是它们当中的一个实例。它由盖茨基金会、万事达卡和联合国资本开发基金会共同资助。[70]另一个重要的实例是肯尼亚金融业深化信托，对此我们将在后续章节中详细探讨。

反现金集团通过资助项目罗织了巨大的网络。在美国，几乎没有任何成熟的贫困与发展研究者能独善其身。即使在国外那些未被收进这张网的地方，这样的人也很少。联合国贸易和发展会议的经济学家布兰肯堡指出，过去那些具有积极成果的研究几乎无一例外地由相关利益方收买。那些为数不多的没有受到来自反现金运动赞助的机构和研究人员几乎都对银行关于普惠金融的承诺持否定态度。

当然，也有受到盖茨基金会或世界银行赞助的科学家比较谨慎并时常发出不同的声音。例如，金融切入计划主任乔纳森·莫杜奇在2018年初的一份重要报告中承认了这一点：“尤努斯的模式与其设想已经南辕北辙，小额信贷已被证明是一个非常好的商业模式，但不是一种扶贫措施。”[71] 但他又引用世界银行扶贫协商小组在2009年使用过的理由为其辩护，尽管普惠金融对贫困没有帮助，但这是一件好事，因为穷人认可这项金融服务。作为世界银行集团的一部分，亚洲开发银行在2018年的一项研究中得出结论，当贫穷国家无法通过增加普惠金融来减少贫困时，对减少贫困更重要的是提高农业生产力。[72] 来自贾米尔贫困行动实验室的阿比吉特·班纳吉和埃斯特·迪弗洛两位教授也发表了类似的观点。他们之前曾发表过大量研究成果，特别是其全球畅销书《贫穷的本质》，极力褒扬普惠金融。[73]

尽管有相反的证据，德国政府官方依然在2017年使用了典型的肯定语气：“包容性和可持续性金融体系是实现包容性和可持续增长的关键因素。”这一经常被驳斥的主张，也被聚集了全球重要经济体的20国集团的国家首脑在峰会上列为三个首要任务之一。[74] 对于这一问题的质疑，财政部一位女性发言人给了我下面的答复：“大量的独立研究成果提供了经验证据，展示了普惠金融与经济增长、减少不平等和减少贫困之间的联系。”她还提到了一个出版物。它出自伦敦城市大学卡斯商学院的托尔斯滕·贝克教授。但贝克教授给出的回答却与之相反，金融服务并不一定是最制约发展的因素。同时，他也承认，没有科学证据表明，可以借助金融服务在国家层面消除贫困。[75]

世界银行南部非洲司司长也在2017年末以尤努斯式的夸张口吻说：“普惠金融是消除极端贫困的核心所在。”在他说此话时，赞比亚财政部部长刚刚隆重宣布了由世界银行支持国家普惠金融战略，并且已有30多个国家提交了由世界银行资助的类似反现金战略的申请。[76]

不仅是赞比亚，现在几乎有半个世界都宣布了无现金或减少现金的愿望，而对此贡献最大的一个人就是微软这只巨舰的创始人比尔·盖茨。这是我们在后面的段落要讨论的问题。盖茨基金会不仅是优于现金联盟和世界银行扶贫协商小组的权威成员，也是近百个贫穷国家中央银行的“教主”，盖茨将把这些国家联合起来组成一个新的、不可忽视的反现金集团。

比尔·盖茨的普惠金融联盟

2005年，当万事达卡发动反现金战时，盖茨基金会就委派阿尔弗雷德·汉尼希到德国国际合作机构去游说。[77]我们从世界银行扶贫协商小组了解到，盖茨期望汉尼希设法促成一个促进普惠金融的全球性联盟。终于，在 2008 年，这个普惠金融联盟正式成立。汉尼希吸引了来自近百个贫穷国家的央行行长。盖茨基金会、世界银行集团为其提供资金，万事达卡、维萨、和沃达丰等公司为其提供技术支持，共同实现数字化支付并抑制现金支付。委任汉尼希担此重任，不仅是因为他在发展中国家的良好人际关系，德国国际合作机构目前也已被普惠金融联盟轻松地收入囊中。[78] 比起把秘书处直接设在盖茨基金会，这种看起来像政府联盟组织的形式极大地提升了它的公信力。但买单的却是盖茨基金会。

作为回报，参与的中央银行必须做出承诺，按盖茨基金会和美国政府的要求开放市场和监管。它们在 2011 年的《玛雅宣言》中做出承诺："肯定普惠金融的重大意义，它使穷人强大并生活得更好。"做出对这一信念的承诺只有一个好处，就是鼓励人们沿着这条道路继续前进，即使它早已被证伪。此外，签署方承诺"充分利用适用的创新技术"。换句话说，就是放任来自工业国家的 IT、电信和金融巨头在自己的国家不遗余力地开展反现金战。

不久前在约旦发生了一些事情，可以帮助我们看清这背后的交易。这个国家加入普惠金融联盟的时间不长，该国政府收容了许多叙利亚难民。2017 年 12 月，约旦政府在首都安曼举办了普惠金融政策论坛，并宣布了实施国家普惠金融的战略。而这肯定是由论坛的国际嘉宾事先通过比尔·盖茨拟定好的。

因为，该国政府在两个月后就直接收到盖茨基金会 300 万美元的援助款，外加其他渠道资金援助共计 1 100 万美元。这些钱将被用于移动金融服务的基础设施建设，并通过无现金支付的方式发放政府给约旦穷人和难民的人道主义援助。[79] 这就是这个曾被德国媒体高度关注的事件的本质，媒体大量报道了这种向约旦难民支付援助资金的方式的创新和进步。关于这些，本书后面还会详细介绍。

如果上网浏览一下相关内容，你会发现很多这样的成功故事。例如，卢旺达中央银行正在要求平民、商人和企业采用数字支付手段，逐步实现国际的无现金经济目标。[80] 人们还可以找到许多有关普惠金融合作伙伴因此取得良好业绩的报道。比如，2013 年，万事达卡宣布在尼日利亚喜获首批 1 300 万张国民智能身份证。这种身份证不仅可以用作人的身份识别，还可用它享受万事达卡提供的金融服务。通过这一壮举，普惠金融联盟一举拿下 1 300 万客户，下一步还会有超过 1 亿的这种强制用户！这难道不是一块被成功征服的处女地？尼日利亚政府的相关负责人说：“我们选择万事达卡作为供应商，是因为该公司致力于通过抑制现金促进普惠金融。”这句话在我听起来多少有点暗含来自盖茨阵营的压力。促成这件事的另外一个原因是，据万事达卡公司的内部人士称，他们在给埃及人准备这种万事达卡智能身份证方案时积累了可靠的经验。[81]

在肯尼亚，万事达卡也在积极推进普惠金融“实现我们在整个非洲大陆超越现金的愿景”。这是在万事达卡作为肯尼亚政府的官方合作伙伴发行 Huduma 卡时，公司相关负责人做出的承诺。[82]Huduma 卡是一种权益人享有的社会福利卡，里面预置有万事达卡的功能芯片。持卡人既可以用其收取国家补贴，又可以用来支付消费款，而不需要使用现金。万事达卡因此在收入和支出两个方向都可按一定百分比获益。就这样，万事达卡一劳永逸地获得了大量的强制客户。在巴西，万事达卡的竞争对手维萨通过政府给持卡人补助的方式迅速占领市场。维萨为此设计了一款专用借记卡，巴西国有联邦储蓄银行则通过这张卡向约 1 240 万贫困人口发放政府的“家庭补助金”。这样的例子不胜枚举。[83] 它们打着普惠金融联盟的幌子，通过反现金战争获取商业利益。而这还不仅仅体现在发卡机构身上，肯尼亚的移动支付系统 M-Pesa 就是这样的例子。

肯尼亚现场报告：令人质疑的样板案例——手机钱包能促进普惠金融

在过去短短的几年内，肯尼亚就建立了一个名为“手机钱包”的货币体系。它可以通过短信在普通手机上使用，目前已被绝大多数肯尼亚家庭接受。“Pesa”是斯瓦希里语中的“钱”的意思，M-Pesa 系统的运营体系由高额用户费支撑。用户只需将资金转入 Safaricom（移动运营商）的账户为其手机充值，就可以将自己在 M-Pesa 移动账户中的余额转给他人，而无须银行账户，收款人也可将余额提现。

普惠金融联盟在一本小册子中这样描述它的起始状况：“有70%的人生活在农村地区，他们无法接触到最基本的基础设施，几乎没有穷人可负担得起金融支付手段或储蓄账户。在手机钱包项目申请获批时，每 10 万当地居民仅享有 1.5 个银行网点和 1 台自动取款机，而拥有手机的肯尼亚人的数量是拥有银行账户的人的两倍。”[84]

这种手机钱包通常被认为是非洲人的杰作，但其影响甚至不仅局限于非洲大陆。如果以使用正规数字金融服务的肯尼亚人的数量来看，该项目确实因取得了市场先机而获得了成功。用盖茨基金会的标准来衡量，也算是成功的案例，正如盖茨基金会一本宣传册的标题——“以获取利润来战胜贫困”。[85] 手机钱包的利润则远远领先，尤其是小额交易费用非常高，而小额交易恰恰在穷人中占据主导地位。提取现金的费用比率最高可达 20%，向非客户转账的费用比率达 44%，手机钱包用户之间的小额信用转账是免费的，但较大数额的支付成本竟高达11%。[86]Safaricom 无疑是一家非常赚钱的公司。

Safaricom 之所以能够获利还有以下几个因素：当地很多人是文盲，还有很多人受当地医疗条件限制而有视觉障碍。该公司使用各种方式获取暴利，如用户只需轻松点击手机即可获得一项昂贵的服务，比如说某种铃声。即使有一天用户找出导致其手机钱包账户消费之快的原因，他们也不可能在没有帮助的情况下退出这些推送的服务，而必须对嵌入菜单的多个层级进行操作。在美国国际开发署的赞助下，来自美国和肯尼亚的三名研究人员对此进行了实地考察，并在报告中指出："首要的受益者是运营商 Safaricom，而用户的收益微乎其微。"[87] 他们的结果验证了印度微软研究院先前提出的"强化定律"。该机构联合创始人富山健太郎在 2015 年的一本书中给出了许多这样的实例。富山在书中写道："如果能让技术更多地为穷人、文盲或其他弱势群体所用，而不是富人，那就太好了。"事实上，技术的作用却使强者恒强。[88]

Safaricom 收获了肯尼亚全国 90％的电话及短信收入，并将 2 800 万手机钱包用户中的 80%收入麾下。直到 2018 年，该公司才与两家小型运营商——Airtel 和 Telkom 合作，这使用户可以在它们共同的网络之间转移，其原因可能是得知电信监管机构有意弱化 Safaricom 的准垄断地位。[89]

盖茨基金会早在 2013 年就发出警告，限制竞争可能会推高消费者的使用成本。其中就以肯尼亚为例揭示了这种风险："它们对 1.50 美元的转账收取 30 美分的服务费，这是坦桑尼亚同样服务费用的十倍。"[90] 比尔·盖茨却无视自己的基金会的这一结论，在 2015 年华盛顿普惠金融论坛上，仍以肯尼亚穷人能享受低成本的金融服务为例来说明普惠金融的造福效应。[91] 同样令人瞠目的是，盖茨基金会竟然没有提及其合作伙伴肯尼亚中央银行所发挥的巨大作用，该银行由盖茨基金会大力资助，推动了 M-Pesa 这一获取了高额利润的近乎垄断的手机钱包的产生和发展。

在我们剖析这个角色之前，必须指出一点：手机钱包的大部分利润流到了英国，因为英国电信公司沃达丰是 Safaricom 的母公司。这一点非常重要，这就是为什么人们在谈到肯尼亚手机钱包时总是淡化英美两国政府在其中扮演的角色。[92] 英国国际发展部和盖茨基金会在其中发挥了重要作用。

普惠金融联盟也曾提交了一份关于各国普惠金融情况的报告，其中竟然也无视问题的本质，将肯尼亚的案例描绘为成功案例并希望在别国推广。文中对肯尼亚中央银行在手机钱包诞生及成长过程中所扮演的角色是这样描述的：“通过在 2006 年进行的金融服务普查（金融门槛普查），肯尼亚中央银行意识到，传统银行业的影响范围有限。巧合的是，手机钱包在肯尼亚中央银行发布这个结果后不久就提出了启动 M-Pesa 的申请。”[93] 这其中的猫腻还是被我们从这份报告的附件——肯尼亚中央银行在报纸上登广告的副本中发现了。[94] 上面写道：“2005 年，一个国际发展援助组织向有意向的合作单位征集方案，讨论如何在肯尼亚金融市场通过更好的市场途径和产品进一步提高效益，深化金融服务。移动运营商 Safaricom 就与英国沃达丰公司提出了基于通过手机转账的提案。”

真实的过程应当是这样的：英国国际发展部委托进行了市

场调研，帮助英国电信巨头沃达丰征服非洲市场。以此为目的，英国国际发展部启动了肯尼亚金融业深化信托基金，盖茨基金会也是其重要金主。它们提出以移动手机为平台提供小额信贷的想法，英国国际发展部决定与沃达丰公司进行项目试点。作为盖茨基金会控制的普惠金融联盟中的一员，肯尼亚提供了快速、便捷的批准流程。2007 年，手机钱包计划正式起飞了，并获得央行的“免费机票”。它可以不像其他金融机构那样接受严格的监管。那份金融门槛普查报告“恰巧”发表在肯尼亚央行收到来自 Safaricom 的项目申请之前，该项目的益处和重要性便一目了然。而该报告正是出自肯尼亚金融业深化信托基金，其幕后金主为英国国际发展部。所有这一切是多么完美的巧合。

肯尼亚央行这把巨大保护伞是沃达丰和 Safaricom 的金融投机得以发展壮大的根本原因。手机钱包项目的扩张吸引了超过 10 万名代理人从事现金存入和支出业务。他们都是生意人，通过自己的银行账户为手机钱包客户支付现金或接受存款，收取一定的佣金。在印度，也有类似的建立在代理人基础上的模式。他们给农村人提供银行服务并获得巨大成功。不同之处在于，印度的代理人为银行工作。这在肯尼亚原本也可行，但是肯尼亚央行选择了与比尔·盖茨和英国国际发展部的密切合作，将沃达丰和 Safaricom 来自当地银行的竞争对手统统排除在外。肯尼亚央行负责支付相关业务的总监是格拉尔德·尼奥玛，也是普惠金融联盟（政策倡导者）的一名大使。肯尼亚央行禁止任何商业银行采取代理商模式，禁令持续到 2010 年，那时手机钱包已成为市场龙头，不再需要保护。除此之外，多年来他们一直拒绝手机钱包的竞争对手 Zain（电信运营商）的申请，使其无法从事移动支付业务。

手机钱包已成为一个受欢迎的小额信贷渠道。它也为硅谷公司服务。市场上有数十个供应商，其中有些完全不受监管。有些为讨回贷款，让借贷人预支工资支付。有些肆意给用户的手机发送诱人的、骗人的贷款信息，或隐含无用且昂贵的信用保险等，这些都是它们司空见惯的手法。更有甚者，要收取每年百分之几百的利息。[95]

隐私保护在肯尼亚几乎不为人所知。来自手机钱包的短信非常容易被攻击或操纵。沃达丰和 Safaricom 或任何相关参与供应商都可以利用这些数据做它们想做的任何事情。肯尼亚政府也想要所有的数据。2017 年，肯尼亚政府颁布命令要求所有电信公司对其开放所有通信端口，以便它可以监控公民全部的移动支付数据。[96]

在 2016 年举行的肯尼亚金融业深化信托基金成立十周年活动中，英国发展经济专家艾伦·吉布森在其受托研究报告结尾部分隐含了一个判断，即盖茨基金会及其代言人的所言皆是谎言：“一个更为基本的问题是融入程度问题，即普惠金融的好处给穷人的生活带来了哪些明显的变化。”他抱怨道：“现实经济几乎没有发生变化，给农业的贷款实际上甚至减少了，而这对穷人却更为重要。”[97] 移动支付系统无可争议地将许多人带进系统，却不能显著地改善他们的生存条件。吉布森紧接着语气一转，说出了他的担心：“与此相反，从金融市场供应方来看，它们在过去的十年中获利丰厚，普惠的时代是给供应商带来利好的时代，这一点无可置疑。”

第二章

不可分割性：普惠金融和生物识别数据库

普惠金融并不仅仅是去现金的代名词和依据。这一概念还被用来推动人类生物数据库的建设，即给所有人一个生物识别代码，并写入集中存储系统或互联网数据库中。政府、金融企业、IT 和电信行业等均可以访问这些数据。生物识别技术指的是，根据人体自身具有的、永久不变的、独特的身体特征而确定的身份识别技术。这些个体特征主要包括电子指纹、虹膜扫描信息、面部照片，将来也许还有 DNA 信息等。通过将人的生物特征集中存储，再辅之以相关的电子识别和通信设备，就可以确保任何人都无法从事匿名活动了。

2018 年 4 月，菲律宾央行副行长在敦促本国议会批准建立所有公民的生物识别数据库时说："开设银行账户的最大障碍之一是缺乏一套公认的身份取证系统。"[1] 这是美国国际开发署对菲律宾实施普惠金融计划的一部分，称为电子比索。[2]

发展援助的本意是提升受援国国力并推动民主进程，也期望借此帮助受援国政府建立一个良好的记录系统。它应该既能为每个公民建立可靠的身份证明，又适度保护公民隐私。但目前的现实却完全相反，世界银行、盖茨基金会及其同盟无处不在，只要拿了它们的钱和技术，就步入了歧途。它们所依据的是联合国发展援助目标，即给每个新生儿一个国家承认的身份。但事实上，它们的作为远远超出了这一范围。它们的目的是将所有人口纳入系统，包括已经拥有公民身份的人。它们要建立的是总人口的数字和生物识别系统，而这在联合国发展目标中并未被提及。另外，生物识别技术目前还不适用于婴儿和幼儿，因为他们的生物体征变化太快。也就是说，作为联合国发展援助目标群体的新生儿偏偏被遗漏了。

美国国际开发署在给员工的内部文件中，这样描述普惠金融和建立生物识别数据库两者之间的紧密战略关系："数字支付可以推进数字识别，反之亦然。无论如何，这有利于将原先被排除的群体纳入主流社会和经济体系。"[3]一段时间以来，大多数国家已投身于促进数字普惠金融。它们被要求建立生物识别系统的理由是：这是实现普惠金融所必需的现代、高效和必要的手段。除此之外，通过数字金融交易可以精准追溯金融犯罪，这对打击欺诈和反恐有积极作用。总的来说，可被计算机自动检索的交易对金融机构来说至关重要。对活跃于全球市场的美国机构来说，这一点尤其重要。因为如果身份证明是纸质的或非标准化的文件，那么地方机构就会比美国国家机构在身份识别上有更大优势。这种数据化对安全机构，特别是美国的安全机构，也同样非常重要，只有通过数字化才能实现中央监控和自动监控。

然而，监控系统的高识别率和高覆盖率两个目标之间存在冲突。盖茨基金会的两位学者这样解释这一冲突："要么认真跟踪谁是交易的执行者，要么认真跟踪进行了什么样的交易。"对身份识别的要求越低，就越难确定是"谁"的问题，但却会促使更多的交易以数字支付形式发生，进而有利于监控。

解决上述目标冲突的方法如下："如果把首要目标定为将人们纳入正式的、可监控的金融体系，安全机构的目标就可能更容易达成。如果开户手续烦琐，银行就无法吸引大量的人来开户。"一旦每个人都进入了系统，规制就可以收放自如了，可以首先对大额交易及频繁交易账户提出更高要求，然后再逐渐过渡到其他账户。[4] 正如我们将看到的那样，这种战略的实施在全球范围内卓有成效。在诸如印度这样的国家，迄今为止仍有巨量现金交易存在。它选择的路径就是，先很快建立一个安全等级很低且容易出错的生物识别数据库，并以此作为银行业务中身份识别的基础，指望日后再对该系统进行完善。与之相反，在德国这样的国家，几乎每个人都已拥有账户和银行卡。银行就对正确识别客户的要求极高，即使仅仅涉及较小的金额，这种要求也会被放大到荒谬的程度。因为在这些国家，此类严格规则的作用是抑制现金的使用。

银行如果把生物识别信息作为开户及参与无现金支付的前提条件，就会迫使公民提供个人的生物识别数据。例如，尼日利亚政府在盖茨基金会和世界银行的支持下，迫使 1.2 亿成年人无条件加入政府的生物识别数据库。2018 年 2 月，该国政府宣布，具有生物识别信息的国民身份证号将成为居民通过银行进行所有金融交易的唯一有效的身份证明。[5]

对于许多人来说，大型生物识别数据库无疑是恐怖的。一方面，它为那些能够访问数据库和输入数据的人提供了不可思议的监控手段和权力。另一方面，这些数据不能永远确保不被伪造和操纵。美国人就对其政府极不信任，以至于他们都没有国家身份证。在美国，人们用驾照、社保卡或其他类似的东西代替身份证。德国居民有身份证，而且现在还可以通过设备去识别并配有数码照片。但是，出于数据保护和数据安全的原因，不允许有生物识别数据的中央寄存器。这些数据仅由当地注册机构存储，德国印制居民身份证的部门必须在证件做好之后，删除所有数据。

2012 年，法国宪法法院叫停了政府为所有公民建立生物识别数据库的计划。该法院裁定，该计划的益处与对个人自由的限制严重不成比例。还有人抱怨，这样会把警察的监控目标与民众日常交易的身份识别相混淆，并且缺乏对这些数据安全的理性保障。[6]

除此之外，英国政府也曾计划将所有居民的生物识别性特征数据收存在一个中央数据库中，使其可应用于各种公共或私人场合。但经过长期辩论后，英国政府终于在 2010 年选择放弃该项计划。在伦敦政治经济学院的一份重要报告中，罗列了所有对这项立法的赞成和否定观点。英国数据保护专员理查德 · 托马斯在报告的前言中这样陈述，该计划在数据安全和数据保护方面引起了人们相当大的顾虑，而且也看不到多少有利的方面。

通过更为严格的边检和更好的警察装备，当然可以有效地遏制恐怖主义，而无须中央数据库。上述报告称："该计划过于复杂，技术上也具有不确定性，不必要地限制了自由，并且没有赢得公众信任。"鉴于其规模和复杂性，它需要广泛的安全措施。这将使该计划变得非常昂贵。"系统故障的风险如此之大，以至于我们不得不考虑其对公共福祉和公民个人权利的潜在威胁。"像法国宪法法院裁决的那样，伦敦政治经济学院的学者也明确警告了同时追寻许多目标的危险："打击犯罪的目标几乎无法与利用生物身份识别信息获取公共服务和利益分配的目标相结合。"除此之外，还有一些情况令人担忧，人们可能因生物识别系统出错或不能正常运作，而无法正常获得部分生死攸关的国家福利和援助。[7]

穷人没有数据保护权

如前文所述，我详细叙述了为什么大型生物识别数据库的建立在英国和法国被叫停了，并且也几乎没有在任何一个西方工业国家公开引入该数据库。而这一切对于发展中国家和新兴国家来说，可能根本都无关紧要。这些国家的所有公民正在被迫纳入这种全面的、多功能的数据库，而其背后推手和资金来源正是美国、英国、瑞典和世界银行的机构。与发达国家相比，那里的人们更乐于谈论数据保护、高级别的数据安全和稳定的民主。

在生物识别领域尤其雄心勃勃的是世界经济论坛。这是一个由国际企业巨头和亿万富翁组成的俱乐部。它的口号是让世界变得更美好。该俱乐部的理念是建立一个全球互联的生物识别数据库，旨在将世界上所有公民纳入其中。该计划被称为金融服务领域的革命性创新，由无处不在的盖茨基金会赞助。[8] 世界经济论坛的一份报告不无遗憾地指出，目前仍不可能在所有国家实施一种全球统一的身份证明数据库。然而，为了达到目标，必须先建立各自单独的系统，然后在这些系统之间建立连接。按照建议，最好由金融机构负责建立这些交叉体系。毕竟，它们有经验，能够在全球范围内制定标准，然后在国家层面付诸实施。[9]

世界银行启动了一项名为“识别促发展”的计划，旨在全球范围内促进贫穷国家采集生物识别信息，并建立中央数据库。这个计划依然是由以美国企业和基金会为首的公私合作伙伴关系所设计的。事实上，这些数据库通常由其政府管理，几乎没有数据保护，数据的安全性极为不足。但这都无碍于计划的实施，因为盖茨基金会支持这项计划。除此之外，盖茨基金会所在的优于现金联盟，以及奥米迪亚网络也是主要的投资人。[10]

比尔·盖茨在华盛顿举行的2015年普惠金融论坛上解释说，他的目标是在印度、巴基斯坦、孟加拉国和非洲建立全面的生物识别系统。盖茨基金会也与当地的中央银行密切合作。他首先选择这些世界上的人口大国绝非偶然。[11] 中国不在此列。

2014年以来，华盛顿就有了一个名为“识别促非洲”（ID4Africa）的组织。组织的负责人是美国安全行业的资深人士约瑟夫·艾提克。这一金融实力强大的团体在非洲促成了所有生物识别数据的采集。它几乎在所有国家都有高级别“大使”，并多次举办大型国际会议。它的咨询委员会成员包括世界银行、联合国资本发展基金以及由盖茨资助的全球发展中心。

在“识别促非洲”2018年的尼日利亚年度论坛上，艾提克这样描述该组织的理想生物识别数据库——一个和谐的生态系统。来自非洲的大会参与者都坚决支持这一口号，此处的“和谐”恰恰是西方民主国家所不可能实现的，或至少是不能公开宣扬的：“个人身份信息通过所有数据库彼此相连。”居民登记部门、卫生机构、保险公司和私人机构的数据库都是互通的。任何一方有数据更新，都会被所有其他关联方直接采用：“依据规则，每个人，一生无论做什么，都只适用一个身份识别号。”[12] 这对每一个有数据保护意识的人来说都是很恐怖的事。

秘密警察的助力

身份识别问题与政府安全部门及安全行业具有紧密的联系，这种联系并非仅存在于“识别促非洲”活动这一孤立个案中，也体现在每年召开的全球身份识别高峰论坛的组织者身份上。该峰会由美国政府及“生物识别与身份认证组织”联合主办。参会的官方部门主要来自美国国防部、美国国土安全部和美国联邦调查局，私营领域的参会单位主要来自生物识别、国防与信息技术领域。原则上，它们都与情报、军队和警署有非常密切的业务联系。[13] 2017 年以来，该会议被命名为“联邦身份识别与国土安全论坛”。

首先，情报部门负责处理这些生物识别技术。1992 年，美国国家安全局的情报部门和美国国家标准与技术研究院的标准化机构共同组建了生物识别协会。1993 年，美国国防部启动了人脸识别技术计划，由其研究机构美国国防高级研究计划局具体领导实施。2001 年，美国世贸中心遭受恐怖袭击，造成了巨大的政治动力。美国国家科学技术委员会成立了生物识别小组委员会，旨在加强该领域的研究与国际合作。随后，欧盟也加入并成立了欧洲生物识别论坛，以加强和协调各国人口的生物识别计划。在不到两年的时间内，整个西方世界都将生物识别技术的使用提升到政治上更加优先的地位。[14] 对此，各国议会却并没有充分参与。

无论是通过正式渠道还是非正式渠道，这些数据都流向情报部门。2009 年《国防》（*National Defense*）杂志的一篇文章援引美国国土安全部顾问阿尔·米勒的话说，美国在 2008 年就已经签署了 25 项双边生物识别交换协议。每当外国政要访问华盛顿时，美国国务院都负责敦促他们签署这类协议。[15] 2011 年 11 月，维基解密公开了 2009 年美国驻巴基斯坦大使馆的秘密报告，内容涉及美国国土安全部向巴基斯坦政府提供设备和软件，借此对航空乘客预注册数据进行分析，并将其接入其他数据库。这件事的背景是，巴基斯坦有一个名为 Nadra 的全民生物识别覆盖计划，这也是其主管部门——巴基斯坦国家数据库和注册局（National Database and Registration Authority）的英文缩写。上述的飞行数据库一旦与该机构相连接，就能让美国获得所有巴基斯坦公民的生物识别数据。

在引入 Nadra 之前，名为“双鱼”的飞行登记信息分析系统也是由美国免费提供的。该系统的提供者是爱德华·斯诺登曾为之效力的国家安全局承包商。人们有理由怀疑，该系统是否为美国国家安全局留设了后门。[16] 巴基斯坦显然无法深入该系统，也无法对其进行修改或研究，因为所有密码都完全掌握在制造商手中。[17] 据当时的《巴基斯坦日报》报道，美国人慷慨地向巴基斯坦赠送了“双鱼”的替代系统，并宣称巴基斯坦政府正准备用他们开发的技术取代“双鱼”。

这笔交易后来并没有达成，因为巴基斯坦担心媒体的负面报道。数年后人们得知，巴基斯坦国家数据库和注册局将自己对海外巴基斯坦人的服务外包给英国的一家私人公司。这家公司恰巧在2009年成立，名为“国际身份认证服务”。[18]就这样，一家小型英国公司就可以访问几乎所有巴基斯坦人的所有生物识别信息和其他数据。假如当时美国人在巴基斯坦能成功实施双鱼替代系统，就能以类似的方法获取这些数据，这对向来渴望信息的美国国家安全局而言也是一种安慰。

情报部门和警察可以对需要依据生物识别数据进行的所有交易进行搜索和调查，一旦通过智能手机上的数据进行身份识别的技术被存储在云端的数据认证所取代，他们的工作效率就会得到极大的提高。云技术是大型集成供应商（如谷歌、微软或亚马逊）的服务器的营销术语。我们可以确信，安全和情报部门会拥有访问这些服务器的权力。2018年3月，美国总统特朗普通过了一项“云法案”，该法案未经讨论即在议会中获得通过，作为旨在确保公正的预算法案的附录。

难民沦为无助的小白鼠

普惠金融中心的伊丽莎白·瑞恩对生物特征采集与普惠金融之间的关系给出了非常清晰的描述。她强调，去现金是帮助经历战争和自然灾害的难民的手段，数字支付不需要任何费用，还能带来很多好处，人们可以为受援国的政府提供必需的服务，后者以此效法。[19]

联合国难民事务高级专员办事处（UNHCR，也称联合国难民署）的一位高级专员在这方面表现得尤其积极。这位专员经常与盖茨基金会和优于现金联盟的人合作。2017 年 12 月，联合国难民署曾通知尼日利亚，它希望与尼日利亚身份认证管理委员会合作，对在尼日利亚北部被猖獗的博科圣地恐怖组织所驱逐的 10 万人建立生物识别特征数据库，为其提供可核查的身份及“更安全”的保障。[20] 2018 年 2 月，在约旦及叙利亚的其他邻国，甚至有 230 万叙利亚难民进行了生物特征采集，采集的方法是虹膜扫描。根据救援组织乐施会的说法，2017 年已经有来自 43 个国家的 400 万难民进行了生物识别和记录。这项工作主要是由联合国机构及其合作伙伴完成的，迫于压力，一些合作的救援组织不得不仿效联合国的做法。[21]

它们为此给出的主要原因或借口是普惠金融。如何看待这种做法则取决于你的视角。据说这是为了难民无现金支付的便利。在难民营，联合国难民署的当地办事处和救援组织不再提供口粮，而是给难民发放可以在当地商店购物的钱。当被采集过生物识别数据后，人们通过在收银台注视相机以识别身份，从而实现购物，同时生成收银台的收银单。为该技术设备买单的是世界银行的附属机构——国际金融公司。目前，联合国难民署已开始使用区块链技术，难民的数据，包括他们购物的时间和地点等，会被永久存储在互联网上。但这些数据都是被保护的，在理想情况下，只有出资方才能知道这些人的身份。[22]

人们当然知道，这在现实中有多么不安全。2017 年 12 月，一家技术公司入侵了联合国机构和所谓的非政府组织使用数据平台的云服务器，获取了西非数千名受援者的姓名、照片和家庭数据。而关于如何才能从这些弱势群体那里调取敏感数据并确保其安全，却没有相应的法律规定。相反，以援助的方式欺骗和切换目标的情形可能不在少数。可以想象，如果这些数据被存储在一个不太安全的地方，所有可能的用户反而会更加方便地获取资料。[23]

难民因为不使用现金而受到全面监控。这些监控来自数据库的运营商，常常也包括运营商的所属国以及每个成功的黑客。难民的每一次购物和所在地的变化都逃不过他们的眼睛。在某些国家甚至可以采取强迫的手段对难民进行监控，因为难民没有经济来源，也就没什么选择权。所有关于普惠的粉饰，主要是为了监控和控制难民潮。这一动机是非常明显的，无论是谁，一旦经过生物识别登记，便很快能够在全球范围内被准确识别。

如果你认为难民仅仅是那些被跟踪的人，那就错了。不论是在其原籍国，还是在第一个目的地国，往往都没有稳定的民主条件，难民们无法保证自己的数据不会落入对他们及其家属不利的、独裁政权或团体之手。黎巴嫩及其他难民接收国政府要求获取难民数据库信息，而援助国将这些信息列入“反恐战争”名下。[24]爱德华·斯诺登揭秘的美国国家安全局秘密文件也表明，该局及其英国同行在暗中监视国际援助组织。[25]

那些没有进行生物识别登记的人就无法从中东大多数难民营及联合国难民署那里获得帮助。而接受提供生物识别数据就意味着同意联合国有关难民数据的保护规则，允许对方有权随意使用该数据。在相同条件下，欧洲不允许使用已在约旦广泛使用的虹膜扫描技术。独立的人道主义顾问保罗曾在伊拉克和阿富汗的救援组织工作多年。他批评西方科技公司和政府将难民当作来自监管不力地区的试验品。[26] 这对于科技公司来说，有百利而无一害——它们可以利用人道主义援助出售其商业模型，并建立与西方各国政府间的关系，还可以大规模地测试其设备。

最初，联合国难民署的生物识别登记方案由欧盟和美国政府赞助，美国政府还敦促使用美国国土安全部开发的指纹技术。[27]

目前，联合国难民署的设备和技术均出自伊马德·马哈斯的 IrisGuard 公司（端到端虹膜识别金融交付平台供应商）。该公司的监事会成员涉及面广，包括 2004 年卸任的英国军情六处主管理查德·迪尔洛夫及美国前总统乔治·沃克·布什的国土安全顾问弗兰·汤森。IrisGuard 公司先前开发的这个系统为阿拉伯联合酋长国难民营提供识别非法移民的服务，以便将非法移民驱逐出境。马哈斯可以很好地利用难民进行设备测试，他希望将扫描仪变成具有全方位功能的产品，包括通过私人笔记本电脑处理家庭银行业务，这样就无须记住更多密码。在难民营中，难民通过看一眼相机就可以完成支付，而无须用信用卡或手机付费，他认为这对大多数人来说是适合的，并已经在数百万非自愿“小白鼠”身上进行了可行性测试。[28]

鉴于上述原因，英国援助组织乐施会于 2015 年决定不再使用生物识别方法，直至另行通知为止。该组织委托咨询公司 The Engine Room 对使用生物识别方法的机会和风险进行评估。[29] 顾问团查阅有关这个主题的文献，采访了当地发展援助工作者及相关的难民。评估结果却令人不敢恭维：“生物识别技术属于实验性的技术应用范畴，虽然有过许多炒作和关注，但并无证据显示，它们真正有助于人道主义问题的解决。”这种生物识别技术甚至未认真调查投入产出比，以确认所投入的大量时间和费用是否可以通过日后时间和成本的节省得以补偿。此乃一个强有力的证明，这在本质上是行不通的。经过进一步观察，我们不难发现，广告商的夸大承诺几乎没有兑现过，生物识别技术甚至还会对援助产生误导。一个显而易见的骗取援助资金的手段就是，受助者可以提交两次申请。生物识别技术只被用于控制难民，而无法控制相关官员及合作组织的雇员。

美国政府错误地认为，其做法是受当地人普遍欢迎的，实则饱受质疑并难以为继。美国国土安全部在边检中安插邻国墨西哥的官员，在移民监狱配备设备和顾问，其目的是采集生物识别数据。据美国政府机构称，这应该是中美洲其他国家类似项目的典范，墨西哥搜集的数据被直接发送至美国国土安全部和其他美国政府机构。[30] 据《华盛顿邮报》报道，这项 2014 年的秘密计划直到 2018 年才公布，公布原因是特朗普总统关于墨西哥问题的激进言论阻碍了这项重要计划的延续。顺便提一句，该报纸归亚马逊老板杰夫·贝佐斯所有。

印度现场报告：废除现金与生物识别大型数据库

2016 年 11 月 8 日，在地球上下对应的“两极”各发生了一件大事，只是美国的事件更吸引我们的眼球，即选民前往投票站选举了他们的新总统。最终美国人将唐纳德·特朗普送上了总统宝座。同日晚上八点，印度总理莫迪出现在聚光灯下，出乎意料地宣布，从当日午夜开始，印度两种面值最大的纸币 500 和 1 000 卢比将不再作为支付货币流通。伴随着这个在印度被称为“去现金化”的决定，印度 85%的现金将退出流通领域。这种专制的、具有攻击性的措施未经任何议会参与审议。这在德国几乎不可想象，但在印度相对而言似乎是无害的。在中欧，几乎每个人都至少有一张信用卡或转账卡，以及一个银行账户。在印度，97%的零售交易是用现金支付的，94%的交易商在如今去现金化的时代还没有读卡器。[31] 对许多印度人来说，使用互联网还是纯粹的理论，移动电话网络在农村地区很简陋，在城市也不是很发达。

面对大部分纸钞的突然失效，人们必须赶在年底前将其存入已超负荷运行的银行账户，如果数额较大，还必须额外证明这笔钱的合法来源，否则，免谈。自动取款机再也取不出钱了，因为印度中央银行印制的新钞以更大的面额，如 2 000 卢比为主，它们比旧钞票略大，与自动取款机的出钞口大小不匹配。除此之外，它们的使用也受到了限制，因为这些大面额纸钞几乎没有找零的可能，银行柜台的现金支付严格实行配额。

对许多印度人来说，缺少现金给他们带来了巨大的不便，甚至常常会危及生存。特别是农民工和偏远农村地区赤贫人口的生活遭受了重创。他们要么没有账户，要么不得不牺牲自己的谋生时间而在银行整日排队。没有人有足够的现金可用以支付日结工资者、人力车司机或擦鞋匠的酬劳，人们会把现金留下来购买重要的东西。非常多的人因此失去活计和零星收入，因为他们的雇主不再能够为其产品或服务找到买主，没钱支付工资，数百万小商贩的生活遭受重创。有信用卡的人，宁可去可以进行无现金支付的购物中心消费，也不会在角落里的商贩那儿花掉紧缺的现金。

一位去现金目击者的报告

这是一份生活在印度南部喀拉拉邦的德国人为我的博客提供的报告，该报告给我们描述了那里的混乱场景。[32]

在喀拉拉邦，2016 年 11 月 14 日：印度这样的货币改革令人兴奋！毫无防备的游客可以一次性兑换 5 000 卢比（正常值）的新钞票，但必须赶在当年 12 月 30 日前兑换。在喀拉拉邦像奴隶一样在不人道的胶合板工厂的众多非法打工者要用纸钞回家，处境非常艰难！他们来自比邻的奥里萨邦、比哈尔邦和西孟加拉邦。面对突变，发生些小骚乱也不难想象。对我们来说还算幸运，在特定条件下，我们可以往银行账户存入不超过 250 000 卢比，但每日上限额为 49 000 卢比的现金，而不必提供来源证明。我所去的银行被堵得水泄不通，人们排成三列长蛇阵，一站就是好几个小时，人贴人，人挤人。天气异常炎热，人声喧哗，气味也很难闻。没人知道，到底应该排哪个队。第一个队列是办大额存储的，第二个只是换钱，第三个是办理小额存取的。妇女有专属的队列，好几排人在相对较小的空间中蜿蜒迂回，沿着半开的、用粗链固定的门，慢慢向走廊狭窄的楼梯上蠕动。太可怕了！在黑暗的走廊里，随意地摆放着一张小桌，有汗流浃背的工作人员守候，准备帮助无读写能力的人填写表格。在盒子里、碗里、桶里和墙缝内，成捆的旧钞票被高高地堆起。

几天后，银行的状况基本归于平静，至少在我们所在的乡村是这样，但依旧没有恢复正常。在其他地方，麻烦才刚刚开始，现金短缺和兑换时间紧迫导致整个生意链崩溃。这自然引发了连锁反应，并使成千上万的人陷入痛苦之中。数百人选择结束生命，因为他们不知道该如何渡过难关。例如，如果他们最近为了治病或准备举行婚礼刚刚卖掉他们的全部土地，但这笔钱突然被归为非法的，那么需要做出巨大努力，才能使其合法化，而且结果还不确定。有时在长达数天的排队过程中，一些身体虚弱的人在银行门前和银行内病倒，并因此丧命。越来越多的游行、罢工甚至掺杂着暴力的反抗也被提上日程，一些州政府因此强烈反对印度中央政府的决定和做法。

一个月之后，2016 年 12 月 13 日：市场上仍然几乎没有任何现金，人们每周只能从银行提取可笑的 24 000 卢比。拿着面值为 2 000 卢比的纸币，没有人可以找零，这迫使人们开立银行账户并进行无现金转账。

激进措施背后的各种理由

即使在一年之后，印度的现金供应仍然存在很大问题。因为印度央行没有印制适当的小面额纸币，银行越来越拒绝接收商贩们收来的硬币。2017 年 10 月，商贩们张贴海报表示抗议，却以煽动暴乱罪被投入监狱。主要被告人拉朱·卡纳说：“我们不得不尽快放弃我们的生意，自从旧币停用以来，就没有足够的纸币流通。像我们这样的小商贩收到的主要是小额硬币，而银行又不再接收这些硬币，理由是，银行没地方放这么多硬币。”[33]

莫迪总理不仅对人们的困难完全不在意，反倒还认为，这种困难对现金使用者来说是相当正确的。他在 2017 年 6 月接受采访时说：“我的目标是放弃钞票，转移到数字账户上来，我想要一个没有现金的社会。”[34] 从这个意义上讲，政府的计划正在逐步实施，人们被禁止向加油站、医院和大学支付超过相当于 4 000 欧元的现金。新引进的进口读卡器和指纹扫描仪都是免税的。[35]

最初，印度政府是打着打击犯罪和反腐的旗号采取这些激进措施的。2016 年 11 月中旬，印度国防部部长声称要针对黑钱、恐怖主义融资和毒品资金进行严厉的打击。[36] 政府预测会有三分之一的现金失效，因为它的主人不敢把它存入银行。但预测结果完全错误，2017 年 9 月，印度央行公布了最终结果：宣布作废的 99%的旧币均已存入银行。[37] 无论如何，停止旧币流通的理由从一开始就证明是有问题的，因为在大量非法所得资产中，只有一小部分是以现金形式持有的。这些非法所得资产大多数是以企业、珠宝、房屋和土地的形式存在，而且通常都在印度境外。[38] 莫迪政府在 2016 年又调整了其狂躁的运动走向。现在，这突然变成一个普惠穷人的金融和金融体系现代化问题。2016 年底，他在议会提出了另一个原始命题：“我们必须增强穷人的防范能力，以避免其存款被那些针对银行系统的欺诈行为剥夺。”[39]

无论是黑钱还是合法资金的所有者，只要无法自证清白，就必须找到洗钱的途径。企业主提前向工人和供应商付款，以减少他们的现金存量。有人花钱买通那些自己没钱也没犯罪记录的人，以他们的名义去银行存钱。当然也有银行职员接受贿赂。因此，虽然黑钱所有者和拥有大量合法现金的人失去了部分现金资产，但却滋生了腐败和犯罪。最终，整件事情变成了一场巨大的促进腐败运动。一个由泰米尔纳德邦学者组成的课题组在报告中就这项政策的后果如此写道：“没有一个我们提到的黑钱的拥有者出来抱怨这个停止货币流通的政策。”[40]

然而，向这些学者抱怨这项政策最多的是女性。这值得注意，因为这些数字化支付措施就是把女性作为普惠金融受益人来宣传和兜售的。在印度，情况恰恰相反。由于账户上的资金很容易被确认和跟踪，印度女性感到自己被这项去现金改革政策出卖了，它损害了自己的权利。她们习惯在自己的人际圈子里掌控自己的钱，一位名叫 S. 达利特的家庭主妇向这些学者解释说：“如果我有钱存在银行里，就必须向我的丈夫解释说明这一切。”一位名叫 P. 的店主谈及她顾客圈中的事情时说：“某位叫 L 的女性有个酗酒的丈夫。她为孩子的未来生活存了 50 000 卢比，而她的丈夫根本不知道。但现在他知道了，总是找碴儿想要这笔钱。另外一个问题是，人们担心，当需要用钱时从银行不能及时取出，因为银行限制了每个人的取存额度。”

这样的问题在梅琳达·盖茨眼里似乎根本不存在，她在 2018 年国际妇女节时解释，为什么盖茨基金会在印度、肯尼亚、乌干达和坦桑尼亚花费 1.7 亿美元，通过银行账户赋予妇女权利。她说："当女性手中有钱并有权决定如何消费时，她们就会获得自信和力量。因此，我们的投资将致力于确保女性能够使用数字金融服务。"[41]

许多线索追溯到华盛顿

美国投资银行摩根士丹利将亚马逊、维萨和万事达卡的股票列为受印度临时去现金影响特别获益的股票。[42]其亚洲研究部负责人阿尼尔·阿加瓦尔在研究发布会上谈及这个"数万亿美元的机会"时说："数字化支付可能会使印度成为国际公司的重要市场。"[43]在印度，亚马逊市场份额排名第二，落后于印度的市场领导者、零售巨头 Flipkart（印度最大的电子商务零售商），后者控制着当地在线商务市场的 40%左右。2018 年 4 月，美国百货公司集团沃尔玛以 160 亿美元的价格收购了 Flipkart 公司 77% 的控股权，重创了亚马逊，Flipkart 其余的股份掌握在微软和中国的腾讯等公司的手中。[44]如今，印度在线贸易的一大半掌握在美国人手中。[45]

但为什么一个政府首脑，即使是纳伦德拉·莫迪这样专制和浮夸的人，宁愿冒着民众支持率下降的风险，也要去取悦外国支付服务商和国内银行呢？印度和国际媒体都听到过这个传说，即莫迪的少数几个亲信秘密编造了这一计划。[46]但如果你仔细看看这件事发生前的经历，就会发现这种说法相当不准确。

在经历了去货币化的喧嚣之后，比尔·盖茨是较早造访印度的名人之一，这并非偶然。他举办了关于现代化主题的讲座，出席该讲座的有印度总理莫迪、财政部部长阿伦·贾特利及许多其他部长。盖茨说，数字支付可以改变穷人的生活。如果当前的去现金过程能够加速数字化支付的进程，那么暂时付出痛苦的代价总是值得的。[47]

印度政府有理由期待来自盖茨的支持。毕竟，盖茨基金会与印度央行自 2012 年以来就一直在数字化支付方面进行着密切的合作。2012 年，印度央行成为由盖茨资助的普惠金融联盟的核心成员。盖茨在 2015 年 12 月于华盛顿举行的普惠金融论坛上宣布，他的基金会将在三年内，即大约 2018 年底之前，使印度经济完全数字化。[48] 从 2016 年底的情况看，盖茨的这一宏伟目标还有很长的路要走。莫迪采取激进措施助力去现金化，这种行动是非常受盖茨欢迎的。

印度央行前行长拉格拉姆·拉扬（2013—2016 年在职）曾于 2003—2006 年担任位于华盛顿的国际货币基金组织的首席经济学家。在赴任印度央行之前，这位经济学家在芝加哥大学任教。他上任后最初的行动之一就是成立促进普惠金融委员会。作为该委员会负责人，他任命接受过美国教育的银行家纳奇特·莫尔为委员会成员，莫尔同时也是印度央行监事会成员。自 2016 年 3 月以来，莫尔又兼任盖茨基金会印度负责人。促进普惠金融委员会的其他成员还有花旗银行前首席执行官潘伟迪，他们都与比尔·盖茨及优于现金联盟关系密切。

拉扬本人似乎不太倾向于采取那么激进的去现金措施。2016年夏，在公众对执政党表示敌意后，他放弃了通常顺理成章的第二任央行行长职务。[49] 在他退位一年后出版的一本书中，拉扬写道，政府在2016年2月曾向他询问他对去现金改革的看法。他回答说，他认为短期的断层和损害太大了。[50] 经济部部长沙克蒂坎塔·达斯表示，自2016年3月以来，政府一直在与央行进行密集会谈，并在5月共同决定进行去现金改革。[51] 因此，一开始流传的有关莫迪及其亲信密谋去现金的说法是错误的。

莫迪的政治立场在美国已经很长时间不受欢迎了。这位激进的印度教民族主义者在2002年就曾被列入美国签证黑名单，原因是他在古吉拉特邦担任首席部长期间，在反穆斯林骚乱中扮演了备受争议的角色，许多人在那次暴乱中死亡。[52] 在2014年当选印度总理后，莫迪完成了对美国总统的就职访问，之前的一切就被宽恕和遗忘了。

奥巴马向这位来访的客人保证，会将其纳入普惠金融体系，并宣布与印度建立重要的安全合作伙伴关系。双方的议题之一就是扩展雄心勃勃的计划，即为13亿印度人建立具有生物识别特征的身份识别码。这个所谓Aadhaar（生物识别数据库）项目，曾遭到作为在野党政治家莫迪的强烈反对。而在访问华盛顿之后，他变成了这个项目热情的支持者。[53] 奥巴马于2015年1月回访印度，宣布印度加入优于现金联盟。[54]

同为联盟成员的美国国际开发署为印度在去现金方面发挥的作用感到欣赏。在其 2017 年关于如何让政府去现金的一份指导意见中，印度被作为成功的案例。美国国际开发署写道："鉴于奥巴马总统和莫迪总理在一次高峰会谈上做出的承诺，美国国际开发署与印度财政部建立了密切的合作伙伴关系，其正式名称为普惠无现金支付伙伴关系。它们的目标是识别、测试和创造普适性的创新方法，以强化对数字支付的使用。[55] 除了优于现金联盟作为整体加入之外，与之相关的还有以个体名义参与的联盟成员维萨和万事达卡机构，其他参与者都是想在印度开发去现金相关业务的金融、IT 和电信公司等。"2016 年 1 月，美国国际开发署在第一份有关这种伙伴关系报告的标题中就明确道出其实质——消灭现金。[56]

在美国国际开发署的眼里，问题的症结在于："商人和消费者受困于现金生态系统中，去现金的愿望受阻。"所以去现金需要外力的推动，十个月后，印度政府就推出了大规模去现金改革行动，这恰好起到了推动数字化支持的示范作用。许多消费者和商人也从现金生态系统中解放了出来。这应当受到美国及其粉丝的赞扬。

2016 年 7 月，波士顿咨询公司和谷歌联合发布了一份关于印度数字支付市场潜力的报告，题为"5 000 亿美元金锅"。作者好像知道未来将发生什么，在报告第三页写道："我们预计，数字支付领域将很快迎来根本性的转折。"这份报告预测，数字支付规模到 2020 年将增加十倍。[57] 在被问及预测与结果为何如此一致时，作为联合作者及波士顿咨询公司高级合伙人的阿尔佩什·沙阿强调说，作者当时并不了解莫迪的计划。他说，这份报告与美国国际开发署的反现金伙伴关系、印度财政部及企业等无关。他这两句话并不代表事实，不仅上面摘录的文字泄露出了“天机”，该报告的指导委员会名单中也赫然罗列着维萨、Paytm（印度最大的移动支付和商务平台）和沃达丰公司的代表人，还包括美国国际开发署、反现金合作伙伴关系整体和印度财政部。除此之外，如果没有预知莫迪政府的激进反现金计划，报告的主要预测完全没有说服力。

波士顿咨询公司和谷歌在报告中特别诚实地谈到了金融数字化到底是关于什么的问题：主要是为领先的美国支付服务商提供利润。这份报告就是它们做的，以便它们为此做好准备，只待行动号令。作者不谈有关普惠金融和帮助穷人的空话，而是让人们读那些为公共舆论设计的内容。作者估计，支付服务商每年可实现的年费收入可达 50 亿美元。报告中给政府的建议是，在民众中掀起对现金成本的意识，包括因采取必要的反洗钱及逃税等措施产生的间接成本。莫迪政府起初没有像谈反洗黑钱那样谈及去现金改革，并且让全体民众强烈感受到（徒劳的）打击洗黑钱所需要的成本。

2016 年 9 月，也就是去现金改革的前两个月，在印度央行监事、新任印度盖茨基金会主席纳奇特·莫尔的帮助下，美国管理咨询公司麦肯锡与盖茨基金会合作发表了一份报告。报告承诺，支付的全面数字化将使印度的经济产出增加 10%。[58] 同年 10 月，美国国际开发署与印度政府及其商业伙伴共同建立了催化联合项目，名头是“无现金支付的普惠伙伴关系”。[59] 美国大使乔纳森·阿德尔顿在开幕式上强调说：“印度是全球经济数字化努力的先锋。”

一个月过后，莫迪发出了去现金改革的尖锐声音。这一狂暴的措施让全世界颇感震惊。人们似乎只能在美国的公开报道中看到其支持者的意见。美国国务院发言人对此也像盖茨一样赞不绝口。这项措施虽然给许多印度人和美国游客带来了不少麻烦，但对打击非法活动来说却是非常重要和必要的。莫迪的顾问阿文德·古普塔与乔治梅森大学的经济学教授菲利普·奥尔斯瓦尔德在《哈佛商业评论》上发表了一篇称赞去现金改革的文章，称这是通过政府进行的“独特的破坏性数字创新”。[60]

由盖茨基金会和花旗银行慷慨支持的塔夫茨大学全球背景下的商业研究所的执行董事巴斯卡·查卡拉沃迪也承认，以停止货币流通来反腐并不奏效。但他认为这无关紧要，最重要的发现是，莫迪并没有因为惊人的失败而受到选民的惩罚。这表明，“讲一个好故事很重要，尽管它没有成功的有力证据”。事实上，对于那些打着普惠金融和反恐的幌子推动全球去现金运动的人来说，这是一个极好的消息。他们只是到处讲故事，而设定目标的成功证据却无处可寻。[61]

一个10亿人的生物识别数据库

比尔·盖茨认为，盖茨基金会在印度简直就是一个辅助政府，甚至是过渡政府。2015年12月在华盛顿举行的普惠金融论坛上，他非常清楚地阐明了这一点："这是一件美妙的事情，到一个国家去建立一个庞大的身份识别系统。印度就是这样一个有趣的国家，在那里，一套具有生物识别特征的包含12位数身份识别功能的Aadhaar系统正在全国范围内日益普及。我们对该ID（身份标识）的用途是这样设想的，如果你希望享受到任何一种公共服务，比如说你要去看病，我们就能以此ID非常快速地调用你的健康记录。如果你从国家的一个地区迁往另一个地区，你会被定位，服务也会随你而至。"[62]

在印度这个巨大的"露天"实验中，人们可以很容易地开展某些测试，而在美国和欧洲却会因公民的合理要求而根本无法进行测试。目前，印度政府已经将其超过10亿国民的数据存储在Aadhaar的中央生物识别全能数据库中，每个公民都会得到一个与他的生物特征相关的唯一身份号码。

这个超大项目的设计师叫南丹·尼勒卡尼，是印度第二大信息技术公司Infosys的创始人兼监事会主席。他被任命为政府主管该事务的机构——印度身份认证管理局（UIDAI）的首任负责人。他还成立了代表印度IT行业的利益的印度国家软件与服务企业协会。在出任印度身份认证管理局负责人的前两年里，尼勒卡尼曾同时是世界经济论坛基金会的理事。在慈善事业方面，他也与比尔·盖茨及盖茨基金会在多个项目上密切合作。因此，印度人的生物识别数据库就是IT行业代表的“孩子”。其背后企业通常都以订单和数据的形式实现利益最大化。它也是代表大型跨国公司利益的“孩子”，这些跨国巨头通过其影响力使政府希望获得这类数据库。

根据尼勒卡尼的说法，Aadhaar系统也是为普惠金融而生的。他在2009年论述项目的设计原因时这样写道：“它的设计思想是普惠的，因为上层人士和中产阶级具有许多身份证明，但穷人们没有。”[63]但他没有回答下面这些问题：为什么强制超过10亿印度人提供生物身份证明，即便其中大多数人已经有了某种“身份”？为什么如果没有生物识别身份证，他们就领不到政府福利，无法缴税，签不了电话合同，也不再能进行银行交易？

在一篇期刊文章中，印度理工学院教授里蒂卡·凯拉反驳了政府的承诺，即Aadhaar系统能够结束金融排斥并改善穷人的生活条件等。[64]她写道，相比这样一个中央数据库带来的巨大危险和劣势，Aadhaar系统带来的有限好处至少还可以通过其他途径实现。除了监视功能外，这个中央数据库只在不需要为不同目的多次收集指纹的情况下，才有可以节省一些费用的优势。节省的费用是以大幅增加滥用数据的风险和牺牲公民自由为代价的。正如伦敦研究人员在英国节目中所说的，凯拉的话点明了该系统对印度造成的实际影响及未来：大规模地排斥而非普惠穷人。

在许多情况下，人们被 Aadhaar 系统毫无理由地排除在项目和福利之外。如果你是一名泥瓦匠，工作中需要不断地触摸砖块，几年后你可能将不再有可读的指纹。虹膜扫描仪可以弥补这一缺憾，但由于费用昂贵，难以普及。除此之外，如果有人患上了眼疾，其虹膜就有可能发生改变。病人和老人不能再让别人去帮忙代领发放的谷物口粮或其他援助。流浪务工者常常无法寄出或接收金钱，因为其地址与数据库条目上的不匹配。采集数据的设备也并不总能正常工作，如果初次采集的数据有误，服务就会不到位。在设备对一个人的身份数据进行比对时，也会发生同样的事。

互联网接入故障或手机网络覆盖不足都会导致个体日常生活中的身份确认变成儿戏。对于缺乏储备的人来说尤其如此：在国家创造的就业方案中被拒之门外的失业者将无法获得服务，因为他们的身份证明会失效；没有 Aadhaar 身份卡，孩子们就不能享受学校的学生餐；需要接受政府救济的人无法领取政府补贴的大米配额。同性恋、性工作者和其他群体的成员因担心受到歧视或攻击，有时更愿意放弃福利而不提供自己的身份识别码。多年来，印度政府和印度身份认证管理局固执地否认这些随处可见的问题的存在，并坚持要将全民纳入系统。

然而，2017 年 4 月，特伦甘纳邦政府首次公布了全州的调查数据。根据该调查结果，针对贫困农村居民的创造就业计划的错误率就非常高。高达三分之一的劳工没有得到系统的认可，因而没有得到报酬，而主要的原因是这些劳工的指纹过度磨损而又没有虹膜扫描仪。[65]

仅这个数据库“巨怪”出现的方式，实际上就已经说明了一切。从 2009 年到 2016 年，国家从没有出台过相关法律，只颁布了一些政府规章，但也没有严格意义上的议会参与。就在 2016 年，印度政府因 Aadhaar 系统颁布了法律。因担心无法获得议会多数赞成票，政府直接将其作为一项金融法，把议会审议排除在外。该法律通过后，政府迅速制造事实，并发布无数相关法规，允许 Aadhaar 号码与各种用途建立联系，从通过银行业务支付税款到各种社会福利的获取。许多私人公司都是这样做的，包括电信公司、医疗门诊和亚马逊。

印度宪法法院已经多次做出裁定，拥有 Aadhaar 号码不应成为获取国家福利的强制性规定。莫迪政府每次都无视最高法院的裁定，而选择支持比尔·盖茨宣布的目标。2017 年 8 月，印度宪法法院再次发出了一个明确的信号，对 Aadhaar 系统做出判决，与政府的观点相悖，在印度存在一项基本的隐私权——在德国被称为“信息自决权”。[66]

从这个角度来看，Aadhaar 系统渐渐变成了巨大灾难，因为政府正在推动将 Aadhaar 号码作为一个额外的数据字段输入无数的私人和公共数据库中。Aadhaar 号码具有唯一性，可确保与所有的数据库进行对接。人们可以通过对一个号码的访问，获得关于某一特定个人的一切数据库信息。许多普通公民和企业也能通过互联网访问其中部分数据库。公民不再享有隐私权，个人信息可能会被泄露。这会导致对强大利益集团的反抗力量处于非常困难的境地，从而助长极权主义关系的滋长。[67]

据无数媒体报道，Aadhaar 系统极易被滥用。但是，印度身份认证管理局却不断地声称其数据绝对安全。任何指出该系统漏洞的人都将被警方起诉，企业家萨米尔・卡哈尔就因此而撞在了枪口上。他在自己的网站上发表了一篇文章，介绍如何轻松地从使用 Aadhaar 系统的公司窃取并转存数据。[68] 还有一位记者报道说，她可以通过 WhatsApp 以仅 7 欧元的价格购买 Aadhaar 系统的访问代码。通过此代码，她能够下载数百万人的姓名、电话号码和地址信息。再花 5 欧元，她就能获得一个程序，以此将名录中相关人的 Aadhaar 身份卡打印出来。[69] 这些假卡持有人无论身在何处，只要提交 Aadhaar 身份号码，系统就会显示数据被盗者的身份。如果这种事发生在农村邮政储蓄银行分支机构，而那里正好没有正常运作的生物鉴别设备，那么行骗者就会得逞。

与此同时，法律没有对印度身份认证管理局提出，当数据被盗或滥用时，有告知公民的义务的要求。公民既没有知情权，也无法自己发起对可能侵权行为的调查。印度德里国立法律大学通信治理中心主任金马伊・阿伦对此表示强烈批评："其他国家，如美国，极力向印度公民兜售其建立中央政府数据库的构想，而我们却以这种漫不经心的态度管理自己的数据库。”[70]

2018 年 1 月，印度身份认证管理局首次间接承认该系统不安全，要额外增加了一个虚拟 ID 保护界面，并为此配置了第二个临时 Aadhaar 号码。这是公民可以登录用的号码，不同于原始的 Aadhaar 号码。按照设想，此虚拟 ID 会保持变化，那些做存储数据的公司手头上的代码会在某个时间点失效。[71]

然而，最糟糕的数据滥用总是无法避免的。陌生人的指纹很容易获取，采集和控制生物识别数据的人，同样可以滥用数据并以陌生的身份获取非法利益。这些人可以利用这些身份信息进行金钱交易或实施购买行为，身份被盗用的人却很难为此进行自卫和取证。人们可以更改密码，却无法改变其虹膜和指纹。

线索再次指向美国

正如去现金运动一样，这个大型生物识别项目的原动力似乎来自华盛顿，即便这一点在 Aadhaar 项目的官方历史记录中从未被提及。根据里蒂卡・凯拉教授的说法，该项生物识别数据库的计划是为了分配政府福利而设计的。它可以追溯到 2008 年由世界银行印度办事处委托加州软件公司 Call2Call 进行的一项研究。[72]

开路先锋是印度的安得拉邦。安得拉邦的智能卡项目是整个印度的试点项目，这是一个以该邦穷人作为小白鼠的巨型现场试验。这是一项随机对照试验（RCT），由贾未尔贫困行动实验室与安得拉邦政府联合进行。这个试验的投资人是优于现金联盟成员和硅谷的大佬们，其中尤以阿比吉特·班纳吉和埃斯特·迪弗洛的资助最为慷慨。Aadhaar项目的具体评估由奥米迪亚网络赞助。人们还要感谢它们“长期致力于研究生物识别对政府普惠金融行动和透明度的积极影响”。值得注意的是，这里将研究结论只限制为“积极”的影响，非常直白地承认了其不科学的前提。从一开始，人们就考虑到将试验结果向整个印度推广，特别是在金融领域进行推广。相应地，印度身份认证管理局的工作人员及其负责人尼勒卡尼都充分配合贾未尔贫困行动实验室研究组的工作并对此发表看法。[73]

在创建印度身份认证管理局的同时，一项名为“为电子转型倡议”的项目也在华盛顿启动。该倡议于2010年4月在印度政府官员在场的情况下宣布，这是世界银行与法国以及微软、L1身份解决方案公司、IBM（国际商业机器公司）和金雅拓公司合作运营的。事实表明，L1身份解决方案公司三个月之后就成了建造Aadhaar系统的首批大订单获得者之一，为该项目提供公民生物识别数据采集设备。将法国纳入该倡议的现实状况强烈表明，华盛顿事先怀疑或知道更多相关内幕。法国赛峰集团通过一家印度子公司赢得订单，负责将搜集的数据录入Aadhaar系统并对数据进行复核。又过了几个星期，赛峰就买下了L1身份解决方案公司。[74]

万事达卡公司在项目启动时也做好了准备，从 2010 年《纽约时报》关于万事达卡新上任的老板前往孟买的报道中可以印证这一点。在政府为每个印度人提供指纹和虹膜识别号码的行动开始后不久，阿杰·班加就出现在现场随时准备提供帮助。报道称，万事达卡公司希望把生意做大，也就是说，借助于可方便识别受益人的技术，政府今后也能更频繁地通过数字手段向受益人直接发放补贴款，而不是分配大米或食物券。[75] 这正好符合优于现金联盟的主要诉求。公务员也应尽可能不使用现金，而使用账户或银行卡收付资金。万事达卡或维萨公司当然愿意为此效力，如其自称的“强化数字生态系统”。这样，支付服务商就可以通过每笔支付交易获得金钱和有价值的数据。

在这种情况下，人们也不必对 Aadhaar 项目在华盛顿所收获的极大认可和诸多赞誉感到惊讶，尽管这或许正是因为它的极端和过激行为。世界银行赞扬它，正如盖茨基金会和优于现金联盟那样。[76] 世界银行在赞扬 Aadhaar 项目时特别有创造性但不诚实。印度身份认证管理局和印度政府多次援引它的报告称，安得拉邦政府每年可以节省 110 亿美元，因为避免了社会预算中的资源误导。这个高估的数字源于一份世界银行扶贫协商小组的报告（世界银行在一个脚注中提到）。研究人员让·德雷兹和里蒂卡·凯拉指出，问题在于世界银行引用的 110 亿美元这个数据指的并不是节省的资金，而是整个国家社会福利的总值。

那么在公布了这个错误后，世界银行做了什么？它修改了包含此错误的《2016 年世界发展报告》。但它仅仅修改了数据，却并未明确陈述错误。它做出了两项导致社会效益高达 1 000 亿美元的推导，因此，得到了通过 Aadhaar 项目节约 110 亿美元的错误数据。对于这一高估值，世界银行只是简单地解释道路、桥梁和各种其他事物归“社会福利”。[77] 欧盟委员会主席让 - 克洛德 · 容克又怎样说？“如果情况变得严重，就必须撒谎。”显然，对世界银行来说，印度人的生物识别采集是非常严肃的问题。

顺便说一句，这种做法也适用于邻近的、人口同样众多的孟加拉国。在那里，世界银行投资 2.19 亿美元，创建了生物识别国家身份智能卡的“发展援助”项目，依然没有公开任何监控意愿。[78] 所有指纹和虹膜扫描信息都存储在这些智能卡上。自 2016 年 10 月起，这些向 1 亿名孟加拉国居民发放的智能卡将被用于纳税、办理银行服务、医疗服务和十几项其他服务。最重要的是，用户要与手机进行生物识别信息的连接，这使这些智能卡成了完美的监控工具。[79]

情报机构的直接访问

对于美国的所谓安全利益而言，和谐的生物识别数据库共享统一号码的好处非常突出。像亚马逊一样，在这里，活跃的美国电信和互联网公司可以启用这些数据。此外，美国企业和美国服务商可以根据需要获取印度人的数据。正因为通过印度生物识别数据库可以轻松准确地识别人的身份，这些数据不仅更具意义而且使用起来更易自动化，远胜于每个数据库有自己独有的秩序规则的情形。

除此之外，这几家未经公开招标就从印度身份认证管理局获得第一批订单的私人公司都与美国和法国的情报部门有密切的合作。它们分别负责为项目提供软件和技术，以及检验数据等。L1 身份解决方案公司是美国情报和安全机构的主要承包商。其董事会成员包括美国中央情报局前中央情报总监乔治・特尼特、美国联邦调查局前负责人路易斯・弗里，以及美国国土安全部前代理部长洛伊上将。法国赛峰集团也同样在为国防和安全工业工作。[80]"一旦这类私营企业能够访问数据库，外国情报机构就能获取每个印度公民的信息。"印度前陆军军官和情报专家马修・托马斯这样批评道。同样，巴基斯坦国家数据库与注册管理局的技术也由 L1 身份解决方案公司提供。美国的情报部门对巴基斯坦的数据特别感兴趣。[81]

在孟加拉国，世界银行将生物识别身份智能卡的订单给了法国的 Oberthur 科技公司。该公司在 2017 年被赛峰和 L1 身份解决方案公司的合并公司接管。孟加拉国的主管政府显然既不公正也不公平。[82]它放弃与该公司继续联络，但通过它获得的数据一定没有归还。

美国 MongoDB 公司是数据库管理方面的领先企业。2013

年，它也收到了印度身份认证管理局的订单。在初创公司的投资者中，有属于美国中央情报局的风险投资公司 In-Q-Tel。[83] 这种情况并不罕见，只要硅谷有什么新出现的、可能应用于情报业务的事情发生，该公司和美国中央情报局就会一直参与。尽管印度身份认证管理局与印度政府一再否认外国公司访问过印度国家身份认证系统未加密的生物识别数据库，但是作为印度宪法法院程序的一部分，印度政府不得不与设备和服务提供商签订合同。因此，L1 身份解决方案公司等可以访问并被允许存储所有原始数据。[84]

针对外国情报机构可能通过生物识别公司访问数据库这一猜测，肯尼亚反对派领导人拉伊拉·奥廷加在 2017 年的选举上发出质疑的声音。世界银行支持肯尼亚的所谓电子政府和公民的生物识别数据登记。[85] 肯尼亚选举管理局授权赛峰集团提供选民身份生物识别和电子投票所需的设备。在选举之后，奥廷加写了一封投诉信给法国政府。在此之前，赛峰集团与 Oberthur 科技公司合并成立了 OT-Morpho 身份与安全公司，后又更名为 Idemia。奥廷加谴责赛峰集团在这一过程中涉嫌访问未经授权的数据库并操纵相应数据。肯尼亚选举委员会某 IT 经理的登录信息被使用过，他的尸体在选举前两周被发现。奥廷加出示了计算机日志，从中可以看出数据库是何时以及如何被黑客入侵的。程序中应该有算法植入，旨在操纵选举结果。对此，OT-Morpho 身份与安全公司予以否认，并称那是有外部专家介入的内部核查，不存在任何操纵行为。[86]对于这种说法，我们可以选择相信或者不相信。肯尼亚的最高法院并没有废除此次选举。之所以发生这种情况，当然也是因为选举委员会拒绝了法院允许进入电脑服务器的要求。[87]

2017 年夏，维基解密通过其披露平台曝光，美国中央情报局是如何利用美国半导体指纹传感器厂商 Crossmatch 的软件捕获“友好”生物识别情报数据的。曝光的文件包含美国中央情报局代理的使用说明书，即伙伴服务商如何不露痕迹地从数据库中读取生物识别特征。他们伪装成服务人员，等待来自美国的软件和硬件。Crossmatch 公司是一家美国安全和情报部门领域的服务商，也是从印度身份认证管理局获得建立该国身份认证系统数据库第一批订单中的一员。[88]

印度陆军退役少将 S.G. 冯巴特凯雷就印度身份认证管理局数据库撰文写道：“这只是一个费用问题，取决于人们选择渗透这个互联网系统多少。”他还补充说，美国情报部门并不需要这样做。因为生物识别数据库所需要的硬件和软件都是印度政府从国际 IT 公司处采购来的。然而，众所周知的是，美国政府在法律上有权在国家安全受到影响时要求美国公司提供数据。“如果某个外国势力拥有几乎所有印度公民的数据，包括他们的生物识别特征，那么它造成的破坏，可以大到印度政府在争端中除了让步根本别无选择的境地。”这位前少将如是断言道。[89]

第三章

反现金战的影子力量

通过对肯尼亚和印度案例的反思，我们发现了，到底谁是幕后推手，以及他们是以何种方式推进消灭现金和实现全面监控的进程的。这种进程也悄然在工业国家中发展，只不过是以一种渐进和间接的方式，这些措施的来源不太容易被发现。为什么在支付之后就没有了隐私？为什么反洗钱法规总是排斥现金？为什么现金用户总会受到新渠道的广告轰炸？要给出这些问题的答案，我们就必须深入了解那些盘根错节的国际势力，其中一些我们前面已有所了解。这些幕后力量的名称常常是让人费解的字母缩写，如 G20、FATF（反洗钱金融行动特别工作组）、BIS（国际清算银行）、CPMI（支付和市场基础设施委员会）、G30（30 国集团）、WEF（世界经济论坛）、BTCA（优于现金联盟）、AFI（普惠金融联盟）和 CGAP（世界银行扶贫协商小组）等。以上这些还仅是在金融领域内有影响力的机构，在其他领域还有很多。弗里茨·格兰克出版过《影子》（*Schattenmächte*）一书，恰如其分地将它们归类于此。这本书的副标题是：跨国网络是如何给这个世界制定规则的。该书简明扼要地道出了它们的目的。书中的第一句话就是，“条条道路通议会”，明确指出它们施加影响的途径。我们通常说的国际化是指从内向外的扩张，而与之相反的过程则是跨国经营。[1]它不仅包括国家间的交易，更包括具有交互影响力的，如跨国公司内部的活动，或具有影响力的全球经济论坛成员间的活动以及优于现金联盟的活动等。

影子力量喜欢在幕后运作，所以几乎没有人知道其活动轨迹。它们就这样悄无声息地确定了我们的生活，特别是财务方面。这些跨国集团通常会共同搞一些运动，并美其名曰全球治理。它们制定经济全球化的规则，有时甚至完全超越议会的权力，或者仅允许议会在其国家层面制定相应的政策法规。尽管如此，还是有人为其摇旗呐喊，例如亲近德国社会民主党的弗里德里希・艾伯特基金会就视其为未来世界政府的发酵引子。[2]德国前外交部部长和社民党领导人西格马尔・加布里尔在2018年更是做出了如下论述，他称G20是一个强大的国家政府俱乐部，可以视为“多边主义的议会”，或者说是联合国的“非正式第二议事机构”。他承认，目前这种形式的“强权俱乐部”会强化民众的阴谋论认识和无助感，进而助力世界各地的民族主义和民粹主义者。他用了一个从句对所有的批评意见进行了罗列和回击：如果联合国秘书长能以第21位的身份代表除G20之外的国家参会，如果能够增加其透明度并将会场迁至纽约，那么G20峰会将成为我们这个世界达成所有美好追求的论坛，包括和平、繁荣、气候资源保护、数字化建设等。[3]

影子力量的组织构架有三种类型：第一种是由国家政府或

机构代表构成；第二种是混合团体，即由公共机构与跨国公司或其基金会合作组成，优于现金联盟就属于此类；第三种是纯粹的私人国际联盟或论坛，例如世界经济论坛，但它通常受到与会国政府观点的影响。

所有这些影子力量都是在非正式领域运作的，故不受到任何相关约束。它们可能具有固定的形式，但又没有固定的规则，也不受制于任何固定的规则。它们本质上不能约束人们的行为，像 G20 这样由国家政府或机构代表组成的团体也不例外。它们就像是俱乐部，其组建无须任何人授权。因而它们不用以备忘录的形式来形成决议，取而代之的是含混的公报或非约束性建议。但这并非缺点，而是这些影子力量的统治原则。再进一步说，采用非正式形态就意味着几乎没有民主约束机制。[4] 英国前首相戴维·卡梅伦曾对 G20 发表评论，称其最大的优势就在于“非正规化的力量”。而那些没有参加 G20 的国家就会对其合法性提出质疑，有时甚至会高调批评。[5] 从民主的角度来看，它们这种施加影响的做法令人质疑，但却在民主国家很少被当成问题。

总部设在华盛顿的 G30 是一个非常罕见的例外。它的成员是全球举足轻重的各央行行长，以及商业银行和投资公司的高管。这就产生了新的问题，即私人利益和公共利益的混合及其结构的不透明。欧盟监察专员艾米莉·奥莱利认为，欧洲央行行长不应成为这个俱乐部的成员，也不应与这些商业银行家在一起举行秘密会谈。G30 的董事会成员竟也不公开宣布，而董事会有权决定谁可以成为该俱乐部的成员。[6]他们中的许多成员都积极响应反现金运动，其中特别值得一提的人物有美国前财政部部长兼哈佛大学前校长拉里·萨默斯及其哈佛大学的同事肯尼斯·罗格夫，还有欧洲央行行长马里奥·德拉吉，以及高盛银行家吉列尔莫·德拉德埃萨。[7]

欧盟的内部组织一般都会对监察员的建议做出相应的回应，但这次出现了例外，欧洲央行不为所动。[8]显而易见，对欧洲央行行长来说，参与 G30 组织是如此重要，以至于他宁可放弃央行的独立性原则，自毁声誉。德拉吉的决定受到媒体和政界的严厉批评，人们质疑欧洲央行在政策上的失控以及有可能引发的金融风险。[9]这种质疑是完全合理的：如果我们要探索导致 2008 年全球金融危机的原因，或寻找当前欧元区数百万人陷入贫困和绝望的原因，就不得不关注央行与商业银行之间的所作所为。还有另外一类群体，由政府官员代表、国际组织和企业说客组成。他们闭门造车，决定全球经济和社会规则。对此，我们也不能掉以轻心。

我们已经熟知了三个跨国影子的力量，即世界银行扶贫协商小组、普惠金融联盟和优于现金联盟。它们的目标是，尽最大可能将人们纳入由美国公司管理的正规金融体系中。现在让我们来看看这张关系网，也就是这个群体中的各种公有机构和私营机构网络。它们正是通过这张网去实现利益和计划的。

为优于现金联盟服务的 G20 国家政府

在全球去现金运动中发挥核心作用的是 G20。它由 19 个主要国家经济体和欧盟共同组成。该集团除欧盟代表外，还包括以下各国政府代表：美国、中国、印度、德国、法国、英国、意大利、俄罗斯、土耳其、加拿大、墨西哥、巴西、阿根廷、日本、韩国、澳大利亚、印度尼西亚、沙特阿拉伯和南非。

G20 诞生于危机之中，并在危机中成长。1999 年 12 月，世界刚刚经历了亚洲金融危机，美国巨型对冲基金——美国长期资本管理公司在危机中得以幸免。美国时任财政部部长拉里·萨默斯首次召集 G20 的财政部部长和央行行长聚会。萨默斯至今仍是全球反现金运动的主要推手之一。他当时宣称的目标是“维护一个新的全球化金融市场的稳定”。[10] 萨默斯关注的是如何在金融全球化中避免重蹈上次金融危机的覆辙。我们也可以将其解读为“保持和扩大华尔街及硅谷在全球的主导地位”。然而，这个宏伟的计划却并没能成功地帮助我们避免危机的发生。仅仅八年之后，全球就爆发了史上最严重的金融危机。这是自 20 世纪 30 年代发生全球经济大萧条以来最严重的一次危机，它几乎摧毁了西方的核心金融体系。这一次，还是以阻止全球化带来的倒退为缘由。在美国前总统乔治·沃克·布什的倡议下，提升了这个 G20 财长和央行行长会议的级别，以此为制定政策和调控全球经济和金融市场的机制，将原来不定期召开的会议改为定期召开。2008 年 11 月，在华盛顿第一次召开了由 G20 各国家元首和政府首脑参加的峰会。

升级后的 G20 进一步沦为美国的工具，为美国科技和金融集团扩大市场服务，促使美国政府实现战略目标。在奥巴马总统执政时建立的国家发展委员会更是明确建议把 G20 工具化。它向总统建议，“可以通过倡议推动 G20 全球普惠金融战略”。[11] 该委员会还对美国政府在 G20 内部的努力表示了热烈的欢迎，并建议 G20 国家政府只需致力于“向着优于现金联盟制定的目标不断前进”。[12]

美国利用其作为领导者的巨大影响力及 G20 的“助产士”身份，已将抑制现金变成了国际社会的主要目标。早在 2009 年，G20 中的国家领导人就在美国匹兹堡庄严承诺：“支持建立和发展旨在帮助穷人的、更为安全的新型金融服务产品，在以小额信贷为成功案例的基础上，大力发展服务于中小企业融资的成功信贷模式。”[13] 客气地说，将小额信贷说成成功模式是需要勇气的。不客气地说，这是厚颜无耻。字面上是说支持中小企业融资，而实际上是说小额信贷，即普惠金融，也就仅仅是给消费者小额消费信贷和给那些岌岌可危的个体户小额贷款。

此外，G20 还做出决定，将此任务的领导权交给世界银行扶贫协商小组。这就意味着万事达卡、维萨和花旗银行等金融巨头已发起旨在追求商业利益的反现金战。在世界银行扶贫协商小组掌握领导权的同时，普惠金融联盟和世界银行还为其成员指定了专家组，负责起草 G20 的反现金战略。这些游说专家在他们的报告中强调，贫穷客户习惯于按市场价格支付，因而与他们进行交易是有利可图的。[14] 这种观点要向 G20 各国政府展示的是，实现这个计划无须支付任何相关费用。这或许有助于我们理解，为什么 G20 成员会如此轻松地签署这个由世界银行扶贫协商小组起草的战略文件，并做出支持和促进普惠金融的承诺。也许在全球金融危机期间，他们没有时间去反思，这会不会只是一个圈套，一个在背后向他们推销反现金运动的圈套，并最终会给自己的国家带来恶果。

在这个具有导向性的专家报告基础之上，G20 成员于 2010 年建立了全球普惠金融合作伙伴组织。[15] 该机构的设计者及推手是普惠金融联盟、世界银行以及随后于 2012 年成立的优于现金联盟。它们也都自称为执行伙伴。荷兰王后马克西玛作为普惠金融特使，不但级别高，还博取了媒体的眼球。就在 2018 年的达沃斯世界经济论坛上，她又倡议成立了一个普惠金融首席执行官合作伙伴关系。参与者中理所当然有贝宝和万事达卡等，它们无孔不入，甚至还有大牌消费品制造商，如联合利华和百事可乐。它们将通过自身体系推动无现金支付，并要求所有供应商都如此效仿。[16]

上文提到的那些 G20 执行伙伴也同样是出资方，它们为几乎所有的普惠金融“科学”研究报告买单。《G20 创新普惠金融准则》是该组织的“战略文件”。其作者来自世界银行扶贫协商小组。该文件提到了那个用钱堆出来的例证，如穆罕默德·尤努斯曾经尝试的那样，通过金融服务来消除贫困。[17] 我们在之前的论述中已经指出，世界银行扶贫协商小组早在2009年就对这种做法表示过质疑。也正是在这份战略文件中，我们得以了解其真正目的，即“通过新产品和新技术覆盖服务欠缺的市场”。请注意，这里表述的核心是市场，而非需要帮助的人。[18]

正是基于这个被写入G20战略文件中的政府与私企的伙伴关系，联合国资本开发基金会才在全球最贫穷国家中开辟了处女地，以便这些企业为攫取利润而耕耘。借助针对穷人的移动货币项目（简称MM4P），该组织“展示出如何通过技术、金融和政策支持使这种可持续、无网点的移动金融服务为公众市场所接受”。而该项目的合作伙伴正是盖茨基金会和万事达卡。[19]

在该项目名下，盖茨基金会已投资1 100万美元公益免税资金，资助万事达卡建立“实验室”，为肯尼亚和其他非洲国家开发新产品，并承诺将再提供800万美元，使其开发的产品投入市场。万事达卡副总裁沃尔特·马可尼曾就此表示肯定说，目前万事达卡在非洲的相关业务所带来的利润都归于发展援助。他发现了一个事实，就是利润导向型企业、公益基金会和政府之间的界线逐渐变得模糊。马可尼说：“我们的谈话往往没有听众和互动，仅剩下简单的利他主义。”[20] 利润导向型企业与以公益为己任的基金会和政府之间的利益冲突变得荡然无存。时至今日，它们依然在谋取利润，而无心公益。

标准制定者是反现金战的秘密武装

有趣的是，几乎没有人知道这个反现金的 G20 合作伙伴组织。这主要是因为，它们的行动都是间接的、幕后的。它们最重要的反现金杀手锏是在跨国影子地带的“标准制定者”。从一开始，它们就引入这个团体参与宣传战。

我们在此要关注的是其中几个最重要的标准制定者团队。它们都是极具影响力的非正式组织，即反洗钱金融行动特别工作组，以及两个在巴塞尔与国际清算银行联络的委员会。我们要进一步了解这些群体及其工作方式，看看它们到底是如何以反现金为目标，并坚持实现这个目标的。

反洗钱金融行动特别工作组

这个工作组的全名是反洗钱金融行动特别工作组，成员包括各国央行及安全部门的高级代表，旨在帮助打击全球范围内金融领域的洗钱、犯罪及为恐怖组织融资的行动。它在组织上归属于总部在巴黎的经济合作与发展组织（简称经合组织），而经合组织源自马歇尔计划，是一个工业国家协调经济政策的非正式论坛。就会员数而言，反洗钱金融行动特别工作组与经合组织相当，是 G20 的近乎两倍，但其会员主要来自欧洲工业国家。反洗钱金融行动特别工作组现任主席是美国财政部恐怖主义融资和金融犯罪助理副秘书詹妮弗·福勒。她在华盛顿的职责是，“对其他国家实施金融制裁，以打击威胁美国国家安全的势力”。反洗钱金融行动特别工作组处理日常事务的秘书长是戴维·刘易斯。他之前是英国政府反金融领域犯罪的高官。[21]

2012 年，反洗钱金融行动特别工作组在华盛顿获得一项“授权”，并开始具有正式提议权。但这个“授权”仅仅意味着它可以独立为其成员确立工作范畴并提出依据，而提议本身没有法律上的权利或义务，这一点在该文件最后也给予了明确表述。[22] 这就是前文中卡梅伦提到的“非正规化的力量”，这使世界银行和国际货币基金组织可以向反洗钱金融行动特别工作组做出自己的承诺。它们的承诺固然重要，却并没有法律上的约束力，不至于因某些股东的质疑而引发不必要的冲突。对于国家政府来说，如果没有议会支持，政府也就无法轻易做出承诺。

有一个指导委员会在确定这个特别工作组的各项议题和进程，但其成员的组成却是秘密的，外人无从得知。但我们通过反洗钱金融行动特别工作组的“授权”进行解析，就足以认清其决策者。用稍微尖刻一点的文字来描述就是：借助反洗钱金融行动特别工作组，美国就能以其在世界金融体系中的核心地位更为直接地制定全球金融规则。这是其以前通过国际货币基金组织和世界银行所无法实现的。从原则上讲，国际货币基金组织也可以完成反洗钱金融行动特别工作组所做的工作。它的职责包括制定金融标准，但国际货币基金组织还有一个明确的议事原则，就是表决。每个国家都有发言权，华盛顿虽然拥有否决权，但其作用和影响力远不及非正式的反洗钱金融行动特别工作组那样深远。

在反洗钱金融行动特别工作组中，决议由全体成员协商一致的方式做出。来自哥本哈根商学院的埃莱妮·清古博士这样描述该“俱乐部的全球治理模式”：“它本身就是一种机制，通过自己选举的共同领导者而行使其权力。”[23] 显然，没有美国的共识是无法达成的。拒绝美国的倡议也非易事，因为其成员在加入反洗钱金融行动特别工作组时就已被过滤。退会也是不可能的，因为反洗钱金融行动特别工作组的规则本身就是非正式、无约束力的，但也适用于非会员。那些被视为不合作的国家就会被反洗钱金融行动特别工作组拉黑并陷入不利的经济及金融困境，被其拉黑的国家被分为三类，并以不同颜色即黑色、深灰色和浅灰色区分。这类似于黑社会收取的保护费，由被保护者自愿买单以防范未知的危险，就像人们一旦落入黑社会之手，就很难活着出来。

在反洗钱金融行动特别工作组黑名单上有两个国家，即美国传统上的敌人——朝鲜和伊朗。深灰色名单上的有美国的死敌叙利亚、也门、伊拉克和其他一些不具地缘政治影响力的小国家。这些被抹黑的国家被视为对金融体系构成威胁的国家。所有成员都应遵循金融行动工作组第 19 号建议书做出的承诺，对它们进行制裁。这就导致几乎没有银行或企业敢与这些国家进行交易。世界银行扶贫协商小组对此给出如下结论："从历史上看，由反洗钱金融行动特别工作组呼吁所采取的行动一直都受到重视，特别是那些针对高风险国家及不合作国家的行动。"[24]

对于谁会被列入黑名单，由反洗钱金融行动特别工作组设立的国际合作审查小组决定。它是一个审查国际合作的组织。它的成员都有谁？凭什么掌握如此巨大的权力？这就不是公众应当关心的问题了。在被列入名单之前，当事国有机会按要求制订行动计划，但出于对激起民众舆论的担忧，这一切都是秘密的。

反洗钱金融行动特别工作组还具有另一种制裁机制，可以确保世界上几乎所有国家都准确无误地执行其没有约束力的规范。那就是它手上的两张王牌——世界银行和国际货币基金组织。这两大国际机构都行文表示，在评估其成员的金融现状和执行反洗钱金融行动特别工作组行为规范方面，与反洗钱金融行动特别工作组保持一致。一个国家越穷、越弱，它的世界银行和国际货币基金组织的评分就越重要，因为低分就意味着对其扶持贷款的条件更加恶化及私人投资退出。[25]

国际清算银行及其卫星组织

国际清算银行是那些最强大的国家的央行行长远离政治的聚集场所。此外，它和其工作人员一道为下属的标准制定委员会提供了组织基础。国际清算银行的高级经理克劳迪奥·博里奥和历史学家吉阿尼·托尼奥洛对该组织的优点做了如下描述："它创造了一个特别适合达成共识的环境，互相交流各自的经验，建立密切的、长期的个人关系。"[26]

当然，这种没有民主监督的央行集体意志也会带来反面的结果。这样的事实，我们在 80 多年前就已经历过。那时的希特勒的银行家——德意志帝国银行总裁亚尔马·沙赫特就与英格兰银行行长蒙塔古·诺曼关系密切，他们两人为创建国际清算银行发挥了重要的作用。到 1939 年，诺曼治下的英格兰银行已经一贫如洗，而希特勒的德意志帝国银行正在转移从被占国捷克斯洛伐克掠夺的黄金储备，与此同时，英国政府已决定冻结所有捷克斯洛伐克在英国的资产。[27]

后来，国际清算银行在一位美国总裁的领导下将希特勒的德意志帝国银行外汇转移，其中还涉及一起美元交易丑闻。希特勒用这笔钱向斯大林购买被西方同盟国禁运的货物，将从犹太人手里掠夺的金子通过国际清算银行出口到其他国家，以避免接收国因其来源拒收。德国《明镜周刊》在一份报告中对此进行了彻底揭露："巴塞尔的高薪银行家们在富丽堂皇的宫殿里推杯换盏，而他们国家的士兵却在所有战线上互相厮杀，只有中立的伊甸园不受其害。”[28]

巴塞尔银行监管委员会是国际清算银行的下属机构，负责制定全球银行业监管标准。该机构在其章程中明确指出，所有决定都通过协商一致做出，委员会自身没有任何正式的权力。这一表述与反洗钱金融行动特别工作组相比更加厚颜无耻。虽然只允许25个国家派代表参与这个非正式的机构，并且只能提出建议，但委员会却给自己授权“制定全球银行业监管标准……及在成员国和其他国家实施控制”。比利时和瑞典的人口都超过1 000万，属于全球标准制定者和实施者之列。而尼日利亚、孟加拉和巴基斯坦等国，虽然居民总数比整个欧盟都多，但也要准确无误地按这些标准执行。否则，它们就会在世界银行和国际货币基金组织遇到麻烦。机构成员的代表都是银行监管机构的高级官员及政治上独立的央行官员。根据委员会章程，他们不仅要代表所在国承诺按时履约，还要进一步推动其决议在国家立法或欧盟法律层面得到不折不扣的体现，丝毫也没有把主权国家议会的尊严放在眼里。

与巴塞尔银行监管委员会在国际清算银行享有的地位一样，纽约联邦储备银行也具有重要影响力。它是美联储在纽约的分支机构，负责对华尔街进行监督，进而间接地影响全球金融体系。但令人意外的是，纽约联邦储备银行并不是一个公共机构，它本应监管华尔街的银行，而事实上却反受其困。每个成员都有权向巴塞尔银行监管委员会委派一两名代表，而美国却有四个代表名额，现在巴塞尔银行监管委员会的全职秘书长是美国人威廉·科恩，他来自纽联储。基于美国的这种特殊地位，普惠金融中心的伊丽莎白·瑞恩建议："美国应确保巴塞尔银行监管委员会制定的法规为普惠金融铺平道路。"[29]

巴塞尔银行监管委员会践行了诺言，并明文制定规则，要求银行必须践行反洗钱金融行动特别工作组的目标任务并由监管员实施监控。因此，一份一百多页的、含有反现金规章制度的银行监管计划得以出炉，悄悄地被议会通过，没有引起任何质疑或讨论。

还有一个组织在间接地发挥着去现金的重要作用。它隶属于国际清算银行。它就是支付和市场基础设施委员会，英文缩写为 CPMI，我们将在下一节专门讨论。

标准制定者誓言和行动力

为了让这些来自跨国阴影地带的、重要的标准制定者承诺加入反现金阵营，世界银行扶贫协商小组和优于现金联盟首先面向他们进行了宣讲，国际清算银行也专门召开过以"标准制定者与普惠金融"为主题的国际会议，世界银行及其扶贫协商小组签署联合文件予以助力。[30] 早在 2011 年 10 月，标准制定者团队就正式与 G20 下属的全球普惠金融合作伙伴组织建立了合作关系。在全球开展反现金战，他们所依据的基础文件就是一份白皮书。这份文件由世界银行及其扶贫协商小组起草，并得到了反洗钱金融行动特别工作组和国际清算银行的认可。[31] 其中明确规定了监管者可以调控的领域，即挤压现金使用的空间。2013年，G20要求标准制定者们允许全球普惠金融合作伙伴组织的代表参与其工作。这就是说，要让优于现金联盟和世界银行扶贫协商小组的反现金游说团体参与规范制定的工作。从那时起，它们就有了精准调控的手段，直接通过标准的构建减少现金的使用，让硅谷的创新金融产品畅行无阻。

基于这些认知，反洗钱规则的出台就顺理成章了。现金交易被视为危害社会的各种洗钱行为的根源和为恐怖主义融资的手段。G20成员的出发点是造福贫穷国家，却被标准制定者逐渐演变成一个全球化反现金运动，并越来越多地影响到发达国家自身利益。最终，所有国家都必须遵守反现金准则。

关于标准制定者如何参与反现金战争，优于现金联盟在2017年给时任G20轮值主席的德国提出了一个行动指南。它建议所有利益相关方都共同努力去营造有利的监管环境，并对国际清算银行下属的支付和市场基础设施委员会通过积极完善监管制度框架以支持反现金运动的举措表示赞赏。[32] 支付和市场基础设施委员会早在2016年底就已达成重要协议，要加速去现金进程，但却没有引起人们足够的注意。它批准了一份报告，要求其成员国央行尽快推进数字支付对现金支付的替代，并列举了新加坡的成功案例，明确提出无现金社会这一最终目标。德国央行的两位代表也在该文件上签了字。[33] 如果各国央行不断地减少对商业银行的现金供应并加大对数字支付的扶持和补贴，使用现金的成本就会变得越来越高，现金使用者也会感到越来越不方便，数字支付就会越来越具有吸引力。事实的真相就是这么简单，这是一场不仅没有硝烟，而且不易被人察觉的战争。

支付和市场基础设施委员会独断金融业的利益取向，更没有把公民的利益放在眼里。这岂不是光天化日下的掠夺？在其列举的数字支付优点中提到，挤压现金支付可以促进银行业发展，却只字未提支付者的选择权。报告中甚至都没有关于支付者权益的任何文字内容。我们只能找到“用户的获益”和“快速支付带来的整体效益”等章节。要想从中找到“对用户的缺点”或“总体上的缺点”等内容，只会无功而返。对位于决策层的央行领导者们而言，去现金有一个好处，即当现金被最终消灭后，人们只能将全部资金财产存在面临破产风险的银行账户上。而当商业银行进入“债权转股权”阶段时，我们不得不留在银行账户里的钱就会不费吹灰之力地被掠夺，以使重组后的银行重新具有流动性。去现金还有另外一个优点被他们强调，即进入无现金社会之后，我们所有的支付行为都将毫无保留地被监控，并且支付信息会被永久保存。

我们很难想象，这种一家之言如何经得起议会讨论。议会事前对此是全然无知的。这样的反现金准则是由不受政治体制约束的欧洲央行完全独立负责执行的。换句话说，只要央行愿意，它就可以通过适当的调控设计和市场机制成为现金的终结者，而不给公民代表以发言权，他们甚至都不能理解所发生的一切。对于公众来说，只感觉到现金变得越来越没用了。

同样还是这个支付和市场基础设施委员会，它与世界银行共同发布了一份报告，介绍促进去现金进程的方式方法。[34] 在其紧急建议措施中，有一条就是要求政府对外支付采用无现金支付，反之亦然，政府在接收资金时也应坚持无现金支付。这样就迫使个人和企业使用银行账户，德国政府也在 G20 全球普惠金融合作伙伴组织框架下做出承诺，并坚持践行自己的诺言。如果有人想试探一下德国政府履行承诺的决心，可以去试试用现金这个受法律保护的支付工具来支付广播电视费或税款是否可行！ 2016 年以来，柏林莫阿比特区市民中心就拒收现金了，市民支付 5 欧元的结婚公证费或其他各类市政费用，都只能使用银行卡。官员们虽然为此收到了来自愤怒的市民的大量投诉，但却仍然无动于衷。[35] 在其他地方的众多政府机构虽然仍然接受现金支付，但要另外加收费用或设置障碍。

欧洲央行也响应 G20 全球普惠金融合作伙伴组织而做出承诺，以去现金为己任。支付和市场基础设施委员会明确要求欧洲央行和其他央行应利用其在支付交易的组织和监管上的权力推动去现金化。在此背景下，我们就不难理解为什么欧洲央行在提高欧元区国家的现金限额问题上总是不开口，尽管它这样做是抵制自己的钱——欧元。这份承诺是由欧洲央行行长马里奥·德拉吉签发的。[36]这样，马里奥·德拉吉撤销发行面值为500欧元的印钞计划也就不足为奇了。他是在美国政治强人拉里·萨默斯的要求下做出的决定，萨默斯不仅是G20的创始人，也在G30中发挥着重要作用。我们在后文中还会提及此人。

在支付和市场基础设施委员会与世界银行联合文件的字里行间，我们也不难发现美国硅谷和华尔街企业巨头的身影。为将数字化支付置于自己的控制之下，它们无处不在。在媒体上有这样的表述："监管的制度框架通过以下方式促进创新和生产，即为新型支付服务提供商、新技术和新产品、新的商业模式和渠道进入市场提供方便。"所谓"新型支付服务提供商"就是指那些金融科技公司。它们被美国政府视为保持美国主导地位的战略领域。它们要么来自硅谷，要么用着华尔街的钱，要么就是在取得成功后被前者收购。所谓"新产品、新的商业模式"就是由那些金融科技公司提供的产品和模式。一位欧洲央行理事会的成员告诉我，他们试图在欧洲央行力所能及的范围内发展一个属于自己的总体支付系统，希望借此避免欧洲的支付信息完全被美国公司掌控。这关系到令人担忧的数据主权问题，这个计划很可能会因内部争议而被搁置。

反洗钱金融行动特别工作组处于执行全面金融监管的最前

沿。它提出了建立良好金融秩序的 40 条原则建议，并得到了来自成员及世界其他地区的执行承诺。其中有一条是在金融领域可以依据分析结论积极追溯犯罪线索，无论是否有犯罪嫌疑，都要对所有账户支付情况展开拉网式排查。银行必须制订检查计划，对所有账户交易进行审查，如在其客户中发现可疑目标，应及时上报。此外，要使追回资产手续尽可能简单化，同时也不受先前是否定罪的影响。要做到这一点，就必须换位举证责任，被没收资产的人有举证责任，以证明其资产属合法所得。为实现这一目标，欧盟方面做出了很大的努力，并且已经向这个方向迈出了第一步，即加强对携带现金跨境的管理。

通过反洗钱金融行动特别工作组，金融调查工作者的梦想成为现实。虽然有时在调查取证时，警察会受到当事国数据保护法的制约，但通过国际合作和数据交换总是会取得进展。这并非意味着法律被改变了，而是它们被绕过去了，或者如欧盟委员会以建议的语气所强调的那样："现行的数据保护法规（应该）在一定程度上做出让步。"[37] 也就是说，只有在数据保护和调查取证两者不冲突的情况下，我们才必须恪守前者。正是基于这个出发点，反洗钱金融行动特别工作组在 2015—2016 年度报告中就提到，数据保护法常常会影响银行与国家或机构之间的数据交换："如何跨越数据共享这个障碍是摆在反洗钱金融行动特别工作组面前的首要问题。"这些幕后推手公然蔑视保护隐私法，至于如何在实践中摆脱数据保护法的制约，反洗钱金融行动特别工作组在其与金融机构代表共同举办的论坛上给出了详细解说。[38]

马拉维（及其他过于热心的穷国）现场报告：迷局

我们很难理解，为什么偏偏是马拉维或印度这些世界上经济落后的国家会对去现金和建设生物识别数据库表现出强烈的热情。它们的基础条件还都很差，原本就存在许多更迫切需要解决的问题。

《马拉维，最后一个办理国民身份证的国家》，这是一篇于2017年发表在这个非洲穷国报纸上的文章。在这篇文章中，一位令人不齿的登记机构代表和另一位被驯服的文化部部长宣称，他们已决定推进生物识别登记工作，让马拉维不再是非洲南部仅存的一个没有总体数字生物识别身份认证的国家。那些赞助商事先在马拉维召开生物识别国家会议，并借此施加压力。[39]联合国开发计划署为其定制的发展方案已提前运行，从发展援助预算科目中出钱订购了欧洲拉克斯顿公司（Laxton）的生物识别设备，包括指纹扫描仪、电子签名板、相机、文档扫描仪、打印机和笔记本电脑以及必要的软件等。移动设备都配有电池和太阳能电池板。然而，对马拉维的饱受饥饿煎熬的儿童，以及很多得不到良好教育和可靠的医疗保障的人等，却没有报道。马拉维在世界上最贫穷的国家之列，年人均收入约300美元。

采集到的生物特征数据可以直接从拉克斯顿公司提供的一个用户界面录入中央生物识别数据库中。该公司还负责项目管理、物流、技术支持和用户培训。[40]这确保了数据和技术诀窍不会最终落入马拉维人手中。据称这样可以避免诈骗而节省很多钱，但确保中央生物识别数据库不被黑客入侵，或拉克斯顿公司及其雇员不泄露这些数据却并非易事。

美国国际开发署在其出版的小册子中把穷国的这种离奇热情及实施普惠金融的经验都看成自己的成就。文中写道，马拉维在 2013 年只有 3%的数字化支付，随后，美国国际开发署在马拉维的工作人员接过了这项事业，并召集政治家、监管机构、资助者、手机运营商和银行共同组建了一个协调小组，以促进数字化支付的覆盖。他们又促使马拉维加入优于现金联盟。在向联合国资本开发基金支付顾问费后，他们成功请到一位顾问“进入”财政部，协助编写了国家数字支付过渡战略。[41]

通过建立“地区和全球联系”，美国国际开发署根据自己的构想促使哥伦比亚成为优于现金联盟的创始成员。2014 年，该国出台了自己的普惠金融法规。在尼泊尔，则采取了另一种战略：由美国国际开发署出资制订一个专项经济援助计划，旨在为移动货币和数字支付创造有利环境。除此之外，美国国际开发署还通过提供技术援助推动银行财团创建一个通用的数字支付平台。对中央银行而言，它们自己就可以通过量身定制的法规“实现数字金融生态系统的稳定增长”。在菲律宾，它们索性亲自操刀，以政府为基础合作伙伴，启动了目标为数字支付增长 20 倍的电子比索项目。[42] 政府和机构大力支持该计划，未来仅以数字方式对外支付，并要求公民和公司也改为以非现金方式支付。从那时起，菲律宾的每一位无家可归者便得到一张电子支付卡，而非现金或实物。

在墨西哥，银行和证券监管委员会于 2017 年向所有银行下达指令，要求其所有分支机构在 12 个月内装配指纹扫描仪，每笔业务都要采集指纹，并将其与国家选民登记库中的数据进行比对。此外，银行还必须建立自己的客户生物识别数据库。[43] 万事达卡已准备就绪，此前几个月就在墨西哥推出了身份确认移动应用程序，人们可以借助智能手机完成指纹或面部识别，实现在线支付。[44]

跨国影子势力的黑手党手段

这又把我们引回了前面提到的迷局：与工业国家相比，现金比电子货币更适合穷国的发展水平，为什么偏偏是穷国一个接一个地隆重宣布去现金？为什么偏偏是它们如此狂热地想把国民信息录入中央生物识别数据库中，即便其数据库极不安全，并且国民通常没有严格意义上的数据保护意识？只有理解了 G20 全球普惠金融合作伙伴组织的“胡萝卜加大棒”战略的有效性，才能得到这一令人惊讶的答案：穷国更容易被小利所诱惑，同时又特别害怕受到鞭笞。

自从跨国标准制定者加入G20普惠金融活动以来，世界银行或国际货币基金组织对各国去现金效率的评估逐步受到重视。“在2010年至2015年的210次评估中，有70%的内容与促进普惠金融有关。”这句话出自一份报告，其作者来自世界银行扶贫协商小组。这份报告由世界银行和反洗钱金融行动特别工作组协助完成。在这份报告中，人们公开建议根据保护金原则对穷国施压，使它们积极投入反现金战之中，完全无视它们各自实际上的担忧。文中写道，“评估对不重视普惠金融的国家会产生极大积极影响”，以及“一个国家为促进普惠金融而采取的措施应该受到那些尚未促进普惠金融国家的关注”。这是一个非常直白的、含有威胁意味的建议。在有关黑手党的电影中不乏这样的镜头，为引起餐馆老板的重视，故意问他们是否害怕火灾或人为破坏。

现金使用率高的国家如果不利用反洗钱金融行动特别工作组标准的灵活性，评估人员就会对其进行惩罚。[45]反洗钱金融行动特别工作组的一个基本假设是，现金在洗钱和恐怖主义融资方面特别危险。该工作组标准的灵活性要求是，根据一个国家或部门的现金使用率，制定相应的调控和监管政策，以达到减少使用率的目的。如果一个穷国的正规金融业被过于严密地监控，就会引发它对反洗钱金融行动特别工作组的不满。因为严格的规则会给银行带来附加成本，这可能导致它们无法快速扩展业务，因而无法及时抑制非正规业务领域的现金。一个现金使用率高的贫穷国家也可能被指责为“只是花钱雇人去控制其公司或证券部门，而没有专注于这个高风险领域”。用标准的德语说就是：谁如果不去打击现金使用者，而是想和那些外国的跨国公司及金融机构谈监控，反洗钱金融行动特别工作组就会找他的麻烦。[46]

“风险导向原则”也被称为反洗钱金融行动特别工作组行动准则的灵活性。基于这种考量，有人提出让拥有高现金比例的国家允许银行设置安全级别较低的身份识别系统，旨在降低使用正规金融服务的门槛。如果一个国家仍然坚持采用安全识别方法以打击官方金融领域的欺诈行为，很可能被世界银行和国际货币基金组织给予差评。这背后的原因在于，每个人都必须先拥有一个正式的账户并使用它，开户手续要尽可能简化。关于到底哪些人是真正的顾客，逐渐会被发现。这尤其适合于那些被列入监视计划的嫌疑人，只有把所有人都纳入系统后，才能收放自如。在发达国家，每个人都已是系统中的一员，规则再严也不为过。

无论反洗钱金融行动特别工作组的基本论点正确与否，现金都是反洗钱活动和恐怖主义融资的核心问题。德意志银行全球反金融犯罪部门负责人曾经说过：“金融世界的数字化和新的支付解决方案使问题变得更加复杂，因为犯罪分子也会将新技术用于其犯罪目的。”[47] 在这位高级别的专家眼里，去现金及采用创新支付方式并没有解决洗钱的问题，反而使问题变得更尖锐了。

尼日利亚政府对美国银行摩根大通的一起诉讼告诉我们，反洗钱的焦点还是现金。尼日利亚政府要求摩根大通支付 8.75 亿美元及罚息。因为摩根大通在知情的情况下将这笔钱转给了一家由尼日利亚的一位前部长控制的公司。这位腐败的前部长私下控制了一家公司，并授予这家公司石油特许经营权，然后再将经营权转手以 10 多亿美元卖出。摩根大通承认，它知道该政客有过洗钱犯罪的记录，也知道其秘密控制着这家公司。但摩根大通辩称：它曾多次将转账信息上报英国打击严重有组织犯罪局（SOCA），却并未被否决。这里面可能存在国家利益方面的原因，这位腐败的前部长拒绝了中国和俄罗斯的购买意愿，将其石油特许经营权卖给了英国壳牌石油公司和意大利的埃尼石油天然气集团。[48] 而反洗钱金融行动特别工作组的现任秘书长曾是打击严重有组织犯罪局的高级官员。[49] 为了弥补这个由政府背书的数额达 10 多亿美元的洗钱行为造成的赤字，不知有多少尼日利亚人的现金被剥夺，尼日利亚政府还开展了打击小型金融的犯罪活动。

针对工业化国家的方法：团队压力

在欧洲，人们无法接受像纳伦德拉·莫迪在印度那样专制和激进的做法，也不能像肯尼亚那样，在没有个人隐私及竞争对手缺失的情况下发展移动支付。只有像希腊这样的国家，政府没有太多的发言权，一切都由反现金机构的三驾马车操控，即欧盟委员会、欧洲央行和国际货币基金组织。它们在那里公开、严厉地推行去现金政策。在这三驾马车的遥控下，希腊颁布了相关法规：一方面，要求所有经营者都与支付卡提供商签订合同；另一方面，要求雇员都使用数字支付，并达到其薪资收入的一定比例，违反者将收到税费性质的罚单。人们保存在家里的现金必须进行登记，并在必要时接受检查或罚没，500欧元以上的账单不允许用现金结算。类似的去现金政策不胜枚举，都以打击避税为理由来证明其合法性。但在查处大型避税案件时，却总是不了了之。轰动一时的“拉加德名单”事件就是例证，时任法国财政部部长的拉加德曾给希腊财政部部长提交了一份在海外藏有巨大财富的希腊人名单，涉及众多政商名人，后被一媒体人曝光，最终却没了下文。

在民主国家，三驾马车无法直接发号施令，但却悄无声息地采取渐进和间接的措施推进去现金。国际货币基金组织也是这样建议的。无处不在的反洗钱标准在这里发挥着核心作用。在该组织内部，维系成员的军团精神和团队意识给他们带来了很大压力，这有些类似黑手党内部的成员关系。如果有人敢对美国认为重要的问题抱有怨言，就会被指责为在打击恐怖主义和反洗钱斗争中不合作或对穷人没有爱心等。这种团队压力模式的逐渐形成，造成了当事国政府心口不一。一位德国央行的高级代表私下向我透露，德国央行在公开场合总是捍卫现金的合法性，但这个团队在聚会时，也就是要真正做出决定时，却从来都不对不断更新的去现金标准提出异议。

关系到工业国家公民切身利益的去现金立法通常是这样诞生的：在一个有话语权的成员（通常是美国）倡导下，G20 要求反洗钱金融行动特别工作组拟定一套合适的反洗钱标准。它反过来把完稿的标准草案提交 G20 成员国政府审核，由后者做出决议，各国政府多以非正式或奏效的方式获取议会认可并自觉履行其义务。“我们致力于在约定的时间范围内采用并全面实施这些标准。”这是一句典型的 G20 决议套话。

反洗钱金融行动特别工作组的建议被 G20 升级为所谓国际标准后，欧盟委员会再将其打造成指令或行动指南，再在某个合适的时间将这个文本提交到欧盟议会走走过场。欧盟委员会在说明为加强金融监管而提出立法的原因时，通常会使用下面的句式：“在反洗钱金融行动特别工作组的工作基础上继续推进这项工作具有非常重要的意义”或“委员会建议，在反洗钱金融行动特别工作组标准的基础上制定细化的指导意见”。这些例子引自一项加强打击恐怖主义融资的行动计划。[50] 该计划提出，在欧盟范围内设立现金使用上限，并对其提出的简化边界地区罚没现金程序的立法进行了论证。

德国（和欧洲）现场报告：悄悄地进入系统

无论从全球还是欧洲范围来看，德国去现金的步伐都相对缓慢。国际货币基金组织建议，选择示范性企业推进这项工作。2017 年春，就有媒体报道，储蓄银行最先开始对柜台和自动取款机提现进行收费。[51] 后来越来越多的其他银行纷纷跟进。这项措施完全是顺应 G20 全球普惠金融合作伙伴组织的要求，即让用户为使用现金而付出“真实成本”。作为 G20 合作伙伴关系的一部分，德国中央银行将这一要求转达给商业银行，并冠冕堂皇地宣称，这样可以维护国家利益的稳定发展，为银行带来更大利润。

收取提现费的举措在法律上是有问题的。因为当我们在银行账户有余额时，我们是银行的债权人，银行是债务人，银行应根据我们的要求，无偿向我们提供法定货币——现金。如果银行从我们的账户中收取提现费，就意味着债务人向债权人要钱去清偿其自身债务。德国联邦法院在 2015 年指出，“民法典和交易预期都视其为理所当然，即债务人在履行其现金支付义务时不能索取特别费用”。[52]

更有甚者，一些国家采取手段消灭现金。德国目前也赫然在列。瑞典央行、瑞典银行是领头羊，在这方面发挥了急先锋的作用。它们人为地使瑞典的现金越来越昂贵和稀缺。2007 年，瑞典银行决定退出现金供应。自那以后，在人口稀少的北部高地，银行必须自己筹措解决其现金需求，并为其支付需要的运费。目前，瑞典大多数银行的分支机构都不再接收现金，也不发放现金。在瑞典北部的许多地方，用户至少要跑 40 公里的路，才能找到一个有现金存取业务的银行。[53] 德国央行现在也已基本退出现金供应，并将大部分资产私有化。

一些北欧国家为以控制自动取款机而推进数字化的方法树立了榜样。所有的自动取款机都由一家大银行下属的合法卡特尔（垄断）公司运营和管理。该公司通过限制自动取款机的数量以减少现金供应。在芬兰，2007 年每 10 万居民拥有 38 台自动取款机，而到 2016 年，这一保有量减少为 26 台。同样在 2016 年，瑞典的这一保有量也仅为 34 台。按相同的计算方法，美国的自动取款机保有量是这一数字的四倍多，德国的也应为其三倍多。[54] 但在德国，这一数字自 2015 年以来急剧下滑，在短短两年内，自动取款机的密度下降超过 5%。[55] 特别是在丹麦和荷兰，自动取款机网络也变得越来越稀疏。每 10 万居民拥有的自动取款机数由 2007 年的 70 台减少到近几年的 48 台。现金的使用最终变得昂贵和不方便。这是刻意而为，目的是推动相当便宜和方便的无现金支付。在这个进程中，现金使用者成了弃子。

使这些国家的人们乐于，至少是勇于成为现金终结者的原因，只是不断重复的欺骗性宣传。在荷兰，一项调查显示了完全不同的趋势：71% 的公民希望现金能随时随地永久被接受。瑞典央行的一项问卷调查也显示，三分之一的瑞典人对现金重要性的降低感到不满。[56] 瑞典有一个名为“现金起义”的民间组织，其发言人比约恩·埃里克松曾是瑞典警方的负责人。对他而言，以去现金来打击犯罪的说法是掩盖其真实目的的幌子。人们对现金短缺的不满越来越强烈。瑞典议会的主管委员会不得不在 2018 年 6 月提出一项法律建议予以回应：要求大型银行应确保 99%的居民在不超过 25 公里的范围内就能存取现金。[57] 德国几乎没有媒体报道这件事，这条消息可能与人们通常听到的故事相差甚远。他们并不是所谓厌倦现金的现代瑞典人。

德国人直到 2016 年初才知道这类国际去现金组织的存在。2016 年 1 月 20 日，在富豪云集的达沃斯世界经济论坛上，时任德意志银行首席执行官的约翰·克里恩预测，现金将在未来十年内消失，将德国先前一直未公开的反现金运动曝光。[58] 仅仅六天之后，德国联邦议院的社民党团凭空做出了一个决议，要求禁止 5 000 欧元以上的现金支付，他们还要求“在欧盟范围内取消 500 欧元面值的纸币”。[59] 几天之后的 2 月 2 日，德国基督教民主联盟领导的德国联邦财政部对欧洲提出了同样的要求。[60]

随后不久，欧盟委员会就受各国政府委托，审核这一提议是否有必要以及如何实现具体操作。欧洲央行立即决定，停止印发 500 欧元面值的纸币。

面值为 1 000 德国马克的纸币是在 1964 年迫于贸易压力而

引入的。那时候用它差不多能买现在价值四张500欧元钞票的东西。难道在过去的几十年中没有军火商向政客们提供成捆的钞票，没有恐怖主义融资吗？当然有，而且有很多类似的丑闻，其中之一与后来担任德国财政部部长的沃尔夫冈·朔伊布勒有关，另外一些与长期担任德国总理的赫尔穆特·科尔有关，除此之外还有极端组织红军旅及其恐怖袭击。但是，在2016年以前，没有任何德国人认为，面值1 000马克的纸币是恐怖袭击和政治腐败的原因。

那些反现金的政治和经济精英精心设计并推动着这场运动。他们通过一系列媒体报道向我们详细展示无现金支付的好处和时尚性特点，甚至包括令人毛骨悚然的人体芯片植入技术。例如，2016年2月23日，在《今日专题》（*Heute Journal*）电视节目中，主持人克劳斯·克勒贝尔富有激情地介绍了这项技术。该节目详细描述了如何把芯片植入皮下，并使人们在未来以此完成所有的购物支付。这篇报道要传递的信息是：瑞典人在去现金方面很超前。他们已经找到了很多实用的替代现金的方法。

两天后，在黑森广播电台于早上7点40分播出的第三套节目中，两位节目主持人与一个名为科琳娜的女士狂热地谈论植入芯片的话题。她认为这很“酷”，可以直接用手机把地址簿存到芯片上，然后可以用这个奇妙的芯片完成支付，甚至可以开家门。该电台还为此在其官网上发布了一个宣传视频。这位在人力资源领域工作的科琳娜女士说：“我太期待了。”可她的听众却并没有受到鼓舞。通过官网发布的视频，我们得知整个植入过程就像被黄蜂刺了一下。视频还配有解说词："也许这一切听起来像是未来之梦，但在瑞典这样的国家却已经司空见惯了。"这是谎言，正如我们在《今日专题》电视节目中所了解到的，瑞典还处于皮下芯片植入的试验测试阶段。尽管这个节目时间很长，但听众却从中得不到一丝关于其组织者和赞助商的重要信息。是万事达卡？还是维萨？

哈佛在行动

在面值为 500 欧元的纸币被取消之前，对此的争论仅限于盎格鲁－撒克逊政界和媒体，如《华盛顿邮报》、《纽约时报》和《金融时报》等。主要推手有哈佛大学前校长、美国财政部部长、G20 的创始人和 G30 强人拉里·萨默斯，以及曾与他在哈佛大学和 G30 共事的肯尼斯·罗格夫，还有哈佛大学经济学家、前顶级银行家彼得·桑兹和花旗银行首席宏观经济学家威廉·布伊特。

萨默斯于 2013 年在国际货币基金组织会议上发表的演讲打响了这次舆论战的发令枪。他在演讲中提出了向无现金社会过渡的选项，使央行实行负利率成为可能。[61] 罗格夫于 2014 年 11 月在德国权威智库——慕尼黑经济研究所发表了题为"渐进式去现金的优点"的论文，[62] 文章的第一句话就点明了他对渐进式去现金的看法："本文旨在探讨逐步取消纸币的成本和益处，从最大面值的纸币开始讨论，再到除最小面值之外的纸币和硬币，最终以这些最小面值的纸币和硬币结尾。"罗格夫参加了2015年5月18日在伦敦文华东方酒店举办的国际经济研讨会并发表了主题演讲。该会议是由瑞士央行和伦敦投资机构共同举办的闭门会议，不对公众开放。知名学者兼瑞士央行前高管威廉·布伊特作为第二主题演讲嘉宾宣读了他本人撰写的论文，为去现金运动推波助澜。欧洲央行也有很多代表到场并发言。[63]

在伦敦秘密会议后不久，萨默斯就收留了刚被英国渣打银行弃用的高管彼得·桑兹。他获得了由萨默斯领导的哈佛研究所颁发的高级奖学金。彼得·桑兹的神作是一篇题为"如何应对坏人：论取缔大额纸币"的研究报告。文中主要列出了有关犯罪的巨额现金的报告和照片。[64]这篇研究报告也受到了德国媒体的关注，并引发共鸣。出于对国家监控的不信任，彼得·桑兹在文中宣称是"自由论者与银行及政府等机构的对抗"。

作为美国前财政部部长和G20创始人，萨默斯在2016年初通过G20网络使彼得·桑兹的研究成果得到了广泛传播。欧洲央行也得到了这份报告。[65]萨默斯还同时在美国《华盛顿邮报》和英国《金融时报》出手，重申该文的观点。[66]他首先要求欧洲央行停发500欧元面值的纸币，原文如下："500欧元的纸币的面值几乎是100美元面值纸币的六倍，如果欧盟能助推，可能会对其他国家造成压力，尤其是瑞士。”他呼吁 G20 达成一项协议，即未来不再印发面值超过 50 美元或 100 美元的纸币。在已经了解 G20 的作用机制及其下的普惠金融合作伙伴组织与标准制定者的关系之后，我们不难发现，这一呼吁很快就被变成了一项禁令，在全球范围内禁止印发购买力超过最大美元现钞的纸币。

在这场源自哈佛大学的反现金攻势爆发之后，德国政治家很快就对这个不受欢迎的主题进行了冷处理。而在大西洋的另一边，这个主题一直都保持着生命力。2016 年秋，哈佛大学经济学家罗格夫同时以德语、英语、西班牙语和意大利语出版了一本书——《无现金社会：货币的未来》。[67] 事实上，他关注的并非所有大额纸币，而只是大额非美元纸币。这一点可以通过查看他早期的出版物得以证明。罗格夫早在 1998 年就写了一篇文章，反对当时计划的 500 欧元法案。他认为这背后隐含着在国际洗钱市场上抢占美元市场份额的可耻企图。[68] 后来，罗格夫歪曲了该文的起源和内容，以防止读者联想到该文的观点。[69] 这位哈佛大学的经济学家投身反欧元现金之战其实是别有心。[70]

2017 年，萨默斯又抛出了其哈佛门徒彼得·桑兹的另一篇研究报告。[71] 这次他针对的是欧盟关于设立欧元现金上限的讨论，德国央行持反对意见。2017 年 4 月，德国央行举办了一场名为“反现金之战”的专题研讨会。会上，出自哈佛的新研究报告受到了强烈的质疑。为什么德国央行会如此重视这份研究报告？我们很快就会看到。德国经济学家弗朗茨·塞茨曾受德国央行特别委托提交一份支持现金的研究报告。[72] 他给我们描述了令人惊讶的现场氛围，所有面对弗朗茨·塞茨的作者都不得不承认自己是建立在猜测的基础上，他们拿不出任何调查结果可以证明，制定现金上限有助于打击地下经济和犯罪。现金倡导者和反对者甚至在会议上达成共识，打击恐怖主义并不是制定欧元现金上限的首要目标。弗朗茨·塞茨在报告中称“制定现金上限显然……对打击恐怖主义融资产生的直接影响有限”。

彼得·桑兹的团队仍然不失时机地提出了一些关于制定现金上限的务实建议，即先高后低，要把起始高度定到可以伤及犯罪分子的地方。随后，可以找借口降低上限。最终，落笔在给反洗钱金融行动特别工作组的重要建议，即“反洗钱金融行动特别工作组应要求其成员慎重考虑现金上限，取得范例后加以推广”。这实际上与萨默斯对 G20 的呼吁一致，要求在全球范围内有效地引入由反洗钱金融行动特别工作组制定的现金上限的义务。衡量这份研究报告的影响不能只局限于其对公众的有限影响，还要看其在反洗钱金融行动特别工作组中的影响，而美国在反洗钱金融行动特别工作组中具有强大的影响力，并可以随时借机发力。

或许是因为背后主导者是反洗钱金融行动特别工作组，所以在这份研究报告上署名的除彼得·桑兹与其哈佛团队之外，还有两位来自英国皇家联合军种国防研究所（RUSI）的专家。他们是金融制裁方面的专家，因而也是反洗钱战场的行家里手。德国央行显然希望通过举办反现金战的非公开会议来抵消以这种方式形成的压力。这样就奠定了各方建立基于学术的坚定互信，而这是不可能在反洗钱金融行动特别工作组中达成的。反洗钱金融行动特别工作组只会借助彼得·桑兹和英国皇家联合军种国防研究所的报告，就现金上限标准通过协商达成共识，共建良好的金融秩序。

与印度央行监事会成员纳奇特·莫尔一样，彼得·桑兹也因其献身于普惠金融事业而受到比尔·盖茨的嘉奖。2018 年以来，桑兹担任抗击艾滋病、结核病和疟疾全球基金秘书长。该基金多年以来不断爆出严重受贿和监守自盗的丑闻。盖茨基金会是这个公私合营机构迄今为止最大的私人捐助者，捐赠总数接近 10 亿美元，我们祝其一路走好！

用洗钱规则反现金

随着跨国影子力量制定的标准付诸实施，全面的金融监测以坚定的步伐在悄然前进。在柏林，法律要求出租车司机与支付卡公司签订合同，并且通常只接受信用卡支付款。自 2018 年 1 月起，贸易商被禁止收取额外的信用卡支付费。[73] 那些收取现金的业主和商人现在不仅要准确地登记每日现金账，还需要每天清点和记录收银机里的现金种类，即各种面额的纸币和硬币的数量，这样的每日明细清单还必须保留多年，违者将面临巨额罚款。银行也备受欧盟委员会的繁文缛节所累，对每个硬币的真伪都要鉴定，不能让伪币流入市场。这大大增加了商业领域的硬币供应成本。[74] 通过这些手段，大量伪造硬币已不可能，甚至连小额面值的伪币都没有生存空间。

有关反洗钱金融行动特别工作组影响力的一个最近的实例就是，欧盟委员会提出的在欧盟边境海关管控现金的法规草案。它已于 2017 年 11 月通过了欧洲议会专项委员会的审核。具有讽刺意味的是，两个负责审批的委员会中竟然有一个和公民自由相关。[75] 未来，只要当事人受到怀疑，其持有的现金和黄金就可被扣留长达 30 天。这当然也适用于携带价值低于 10 000 欧元申报门槛的现金。这实际上是引入了当事人的举证义务，使举证责任倒置。

反洗钱金融行动特别工作组在金融事务中建议举证责任转移。仅仅因为携带法定货币，如果被发现，旅行者就不得不接受令人难堪的质询。在未来，人们不得不像面对银行职员一样，回答海关官员的问题，诸如现金、黄金或箱子里珠宝的来历及用途等。拒绝提供信息就会引起质疑，海关官员有权因为怀疑就罚没这些资产。如果发生这种情况，旅行者就必须更加配合调查，以便拿回这笔钱。此外，该法规在很多情况下依照反洗钱金融行动特别工作组标准，如将可疑现金流动情报报告给国家反洗钱机构，该机构再将情报转发给其他欧盟国家的情报机构。

欧盟委员会还以反洗钱和反恐融资为借口，对欧盟反洗钱行动准则进行了第四次修正，使得以保护隐私为理由的网上支付成为不可能。使用所谓预付卡也是受限的，预付卡指的是在售货亭或加油站可购买的一次性或可充值信用卡。如果有这种卡，你只能用它在商店购物，如果这是一个全国通用卡，你可以在互联网上支付不超过 50 欧元。[76] 该委员会的触角已触及匿名预付卡。它因为有违现金管控规则，即刻遭到废除。德国前联邦数据保护专员彼得·沙尔对此持否定态度，因为它降低了用户对滥用其财务数据的风险的控制。或许更重要的影响是，这使用户通过在线媒体进行匿名订阅等媒体消费变得不可能或更加困难了。彼得·沙尔在他的评估报告中写道："这种变化与德国联邦宪法法院的要求相矛盾，即公民有自由获取信息的基本权利。"[77] 但在实施所谓的国际标准时，德国的宪法也被逾越了。

对银行的要求过于严格，即便是小额现金交易也必须进行费时费力的身份核实，导致许多机构拒收现金。柏林的一位老师，每年都组织学生举行一次慈善义卖活动，已坚持超过十年。可与他长期合作的银行突然取消了合作，不再收取私人用户的现金了。要想把现金转存到另一家银行，如果你不是其客户，连想都别想。即使是所谓现金汇款业务也几乎没有任何银行愿意为你办理，假如你在银行没有账户，就别想用现金汇款的方式支付你的广播电视费等。即便有银行愿意提供现金汇款服务，这笔交易也得额外支付 10 或 15 欧元的手续费。

《德国居民身份证法》明确规定，公民可以拒绝身份证件被光学复制。但这也无法阻止欧盟立法者的步伐，欧盟反洗钱第四号令要求银行对识别身份所使用的文件提取“完整的、光学的和数字化信息”。[78] 根据德国法律，人们可以拒绝复制和存储身份证信息的要求，但在跨国影子力量下达与之冲突的法令后，德国人又别无选择。虽然有一些例外规定，允许银行在限额以下的小额交易中适度简化身份核实过程，但银行必须为此提交特别说明和凭据，这带来的只是更多的成本和没有回报的风险。

荷兰法学家卡罗琳·凯泽对此抱怨道，修订后的欧盟反洗钱指令几乎将所有的支付完全置于监控之下。金融机构必须在交易完成后将所有交易凭证保存十年。由于银行账户经常会运行数十年，单据保存期也就变得极长。不仅银行可以调取这些数据，欧盟各国政府的所谓金融情报中心都无须司法授权就可向银行索取这些数据，并对其进行评估，几乎不受任何限制。程序法的保障作用几乎丧失殆尽。[79] 除此之外，欧洲金融情报机构之间还会交换这些数据。

如果你从银行账户提取或存入 1 000 欧元，就可能受到怀疑，如果你有规律地存取略少于 1 000 欧元的现金，就会变得更加可疑。因为这被视为逃避监控的技巧。在《去现金及其后果》（*Die Abschaffung des Bargelds und die Folgen*）一书中，我描述了想从我的银行账户中提取 15 000 欧元的实验经历。为了缩短预约时间，我费尽周折，最终如愿以偿。我现在终于知道，为什么这么困难，为什么没有人告诉你，需要等多长时间才能从银行取出本来就属于自己的钱，到底能拿出多少还是个问题。根据反洗钱法，对 10 000 欧元以上的现金交易，银行必须通知监管当局，并给其两个工作日进行审查，直到第三个工作日银行才允许交易。没有人会公开告诉你这个原因。即使交易额不到 10 000 欧元，或许也会碰到类似的问题，还存在其他值得怀疑的理由，例如，如果交易金额大于平时的业务额或账户余额，那么你存取较低的现金也需等待不止三天。可是按常规，我们可以随时注销银行账户，而无须提前通知银行，也就是说，银行必须随时把账上的钱给我。

你也许会认为，银行应变更业务条款，引入大额交易的预约期，例如三天或更长的等待时间，但这行不通。银行里的存款必须看起来像虚拟的现金一样，是有生命力的，随时可用。如果银行正式给出受法律约束的声明，告诉你它在短期内只允许你提取有限的额度，而且还要等至少三个工作日，那么银行就好像在法律上被授权，将你的账户资金变得不是现金了。这将对企业的会计准则产生严重影响。此外，反洗钱法中的保密原则也会与变化了的经营条款产生冲突。没有人知道洗钱者的陷阱是什么样的，会涉及多大金额，这就是为什么银行从未设定具体金额，现金用户到底什么时候会受到怀疑就更不得而知了。

我有幸得到德国某大型银行发给员工的《反洗钱指南》，上面印有“仅供内部使用”字样，看了里面的内容，我才理解了他们的行为。例如，指南中写道：“当客户受到银行怀疑时……在任何情况下，都不允许给其通风报信。无论是有意还是疏忽，如若违纪可处以最高100 000欧元的罚款。”如果我是银行职员，我也宁愿在客户问为什么时闭嘴或撒谎。如果客户固执地要求银行履行其合同规定的服务，他们最终还是能取出自己的钱的。因为银行还要求员工必须开展业务并为客户提供良好的服务。否则，他们就不得不拿着纯正的葡萄酒给客户赔罪。但我不建议用户太固执己见，因为这样会让自己成为怀疑对象，没有人愿意登上洗钱嫌疑人名单，因为一旦上去就下不来了。

在现金使用者成为洗钱嫌疑人后，法治原则就不再适用于他了。银行必须特别监控这些客户，并在必要时报警。如果你已被列为怀疑对象，又恰巧使用了某种令人生疑的支付模式，你就会自食无辜者被冤的苦果。在极为严重的情况下，当事人的所有账户还会被冻结。他们通常意识不到发生了什么，只会觉得有些业务伙伴回避与其发生业务往来了。

我手头的《反洗钱指南》中有一个嫌疑行为清单。首先就是现金交易者，观察他“如果对银行的其他业务没兴趣”，如“高收益率的债券”，或不关注营业厅的任何信息，这就足够引起怀疑了。这些行为特点我都有，按工作手册我应该被划分为“警示客户”，警示客户是指“不受欢迎的客户”。其次，所有该银行的分支机构都可调取这个名单，至于跨行是否共享这个名单，我就不知道了。如果他们不这样做，我反倒会感到惊讶。最后，反洗钱金融行动特别工作组与银行举办工作研讨会，探讨如何规避数据保护法去获取私密数据。

如果成为警示客户的人要开展新业务，银行职员的电脑显示器上就会出现“警示客户”的提示，银行职员有义务偷偷打电话给相关的反洗钱机构，并听其指挥。这份《反洗钱指南》上写道：“绝不能向客户提及这个内部安全系统，无论他真是警示人还是恰好与其同名。”如果银行拒绝为其开户或终止其现有账户，“在任何情况下，都不能透露原因”，否则，员工将面临刑事处罚或劳动法制裁。换句话说，银行员工因面临着极严厉的惩罚而没有机会向客户澄清事实。这就好比禁止警察和法官向公民告知其被捕和定罪的原因，正如弗兰兹·卡夫卡在《审判》这部小说中所描绘的约瑟夫·K 的经历一样。这位 K 先生不知自己犯了什么罪，在 30 岁生日时被捕并受到指控，但仍然有自由并能继续工作。K 先生试图找出被指控的原因，并向他无法企及的法庭证明自己无罪，然而一切都是徒劳的。这是一种极权主义的做法，跨国影子力量直接避开各国议会操控全球金融市场。

渐渐地，这个系统扩散到了金融市场之外，类似美国的计算机辅助预防性警务。洛杉矶警局早已与臭名昭著的大数据公司帕兰提尔（Palantir）开启了“Laser”（激光）计划。根据对“谁认识谁”和“谁干什么及做过什么”等数据分析，由软件计算出谁可能是罪犯，而将其列为不间断监控对象。同样，在这里，也没有人确切地知道自己必须做什么且不能做什么，才能不落入嫌疑人名单。但没有黑色皮肤肯定会对此有很大帮助。[80] 而且在这里，当事人最多也只能间接得知自己在名单上，他们对此却几乎无能为力，要摆脱这一切并再次过上正常的生活，只有迁离这个地方。德国的警察部门刚开始启动类似的项目合作，但这里的阻力比美国更大，所以它仍是一个未来的梦。在金融领域，这种方法已成为我们的现实。

下面这个故事很应景：德国的银行是2017年“巴拿马文件”得以揭露的主要推手，德国联邦金融监管局随后审查了本国的银行是否违反了反洗钱规定。毕竟，它们帮助富人和企业以数字支付方式将资金转移到巴拿马，转移到没有明确经营目标的空壳公司等，只是为了掩盖所有权关系。结果是否定的，它们没有违规。这些银行被允许自行整理和提交调查所需要的所有文件，联邦警察局副局长在公开场合抗议并解释说，涉事银行不可能没有违反反洗钱规则。[81] 真可悲，有人要向第三方银行账户存入50欧元现金，银行却拖延，要复制身份证并存档！

银行保密已成为过去

过去发生的许多事都足以证明，政府监管机构一直不重视打击银行间的大规模非现金洗钱问题。我们不会忘记发生在德国黑森州四名税务稽查员身上的是是非非。他们因太过仔细地调查了德国商业银行等商业巨头而被视为有精神障碍并被调离工作岗位。[82] 还有古斯特尔·莫拉特案件，莫拉特在指控一家银行洗钱后被强迫接受了七年的精神医学治疗。[83]

不仅如此，执政党以“巴拿马文件”风波为借口，通过了2017年税法修正案，为他们对全民实行财务监控打开了方便之门。原税法文本中名为“保护银行客户”的章节被毫无保留地删除，银行有义务向金融和社保局毫无保留地提供信息。从那以后，这些政府部门不再需要听信公民所言。他们可以通过拉网式调查自动获取和定期调阅数据，只需有一个不确切的“充足的原因”就足够了。那些负责基本社会保障、教育补贴和住房补贴的部门可以通过德国联邦中央税务局调取信贷机构的数据。显然，这一切都是为了将所有公民都变成透明人，如果谁在银行账户上还有点儿钱，就别想领取失业救济金或奖学金了。

既然是这样，我们就清楚了，为什么要对使用现金定罪并去现金。对于打击大规模避税，它毫无用处。但如果要获取公民的可靠数据，通过银行去查询他们是否有超过本来就不高的收入或资产限额，他们的钱是怎么花的，那么现金就变得很重要了，因为它有碍于此。

欧盟委员会发布了其支付服务指令 II（PSD II），简称指令 2。它要求银行履行更多的义务，必须确保金融科技和其他第三方公司提供金融应用程序，从而了解公民所有的支付交易。

将来，我们可能会允许第三方直接接入我们的借记账户，进而深入总览我们所有账户的财务数据。要做到这一点，银行就得自费创建必要的数据接口并确保其安全。显然，当数百个带有支付应用程序的小盒子可以访问银行 IT 系统时，其安全性将受到威胁。我们当然会找到很多精通技术的人，认为自己“没有什么可隐瞒的”，并在奥威尔式的全面监视下一起这样做。

当这种情况发生时，越来越多具有市场影响的公司会接受使用条件，并给出有吸引力的报价，如贝宝、苹果或亚马逊等。当越来越多的人接受它的时候，它就会成为规范标准。总有一天，人们将因无法继续在线采购而不得不把自己的财务状况完全曝光。因为，服务商拥有我们黄金般贵重的财务数据，便可以更高效地提供低成本的支付服务。他们将这种成本优势（至少在最初阶段）传递给商户，以使其更喜欢这样的支付提供商。

在我们周围的小型金融科技公司很少。苹果、脸书、微软、亚马逊和贝宝都坐在巨大的财宝箱上等着发战争财，那些能坚持下来的小公司马上就会被它们收购和整合。它们自己也可以提供这样的应用程序来获取客户的所有财务数据。

三步生物识别监控

在数据保护者的极力抗议下，德国总理默克尔表示，数据保护已跟不上时代的步伐。德国联邦政府已采取了相应行动，2008年德国推出了生物识别身份证，到2017年，它已被广泛使用，成了一种通用的监控工具。在引入它时给出的所有承诺已经过时，只有三分之一的持证人启用了其电子身份证功能，通过互联网进行身份识别。这就是说，按法律规定将强制所有人启用此功能，数据保护者对此进行了强烈抗议，但无济于事。所有欧盟国家政府都被授权调阅身份证信息。其中最重要的更新是，警察和安全部门、海关和税务稽查都可以无条件从注册中心自动调取这些生物识别数据，特别是数字照片，未来可能包括指纹。[84]

迟早有一天，政府部门将有能力在欧洲范围内实现对全民的监控。它们把从监控摄像头或互联网检索的照片与ID照片数据库进行比对，就可以随意监视我们在公共场所的活动。例如，可根据警方或媒体拍摄的照片自动确定我们是否参加了游行示威活动。提取信息无须在注册中心登记和备案，不受任何约束。虽然《德国居民身份证法》第28条继续适用，但这里面不包括中央生物识别数据库。但如果警察、情报部门和政府随时随地都可以把我们自动定位，中央数据库就成为真的帮凶了。[85]

这一切都是可以预见的。早在2005年，混沌计算机俱乐部就提出了在护照和身份证中引入生物识别技术的可能性，并警告说："生物识别方法提供了多种监控人的方法，一旦装备了这种识别和监测技术，就会激发秘密警察、政府调查机构以及企业的需求，这一点都不稀奇。”[86]其中一家商业公司就是万事达卡，它给欧盟银行设定的截止时间是2019年4月，用户如要继续使用万事达卡付款，就必须支持万事达卡身份验证事项。身份验证是一个系统，使用户“能够”通过移动设备完成生物特征的识别。

在柏林南十字车站，警察已经做过测试，自动人脸识别技术很有效。有300名志愿者参与了测试，作为奖励，参加者都得到了别致的亚马逊购物优惠券。[87]

亚马逊购物优惠券之所以别致，是因为亚马逊在美国已经大量参与了警察的监控工作，亚马逊为警察提供的技术据说是为其无人零售店开发的监控技术，当然还包括其他技术。2017年以来，亚马逊通过其网络云服务成功地向美国警察机构推广了名为“Rekognition”的面部识别软件。2018年5月，美国公民自由联盟（ACLU）和其他一些组织呼吁亚马逊首席执行官杰夫·贝佐斯停止与警察的合作。他们担心警方会用这种方法对公民在公共场合的活动实施全网监控。据估计，几乎有一半的美国人照片都被录入了数据库，警察可以利用数据库搜索可疑人员。很快还会有更多人进入数据库。警方保证将负责任地使用这项技术，但人们也不能轻信，特别是美国公民自由联盟收到了来自警察部门的电子邮件，他们确实动了脑子，想把人拍的、监控镜头记录的及无人机录制的影像资料与此数据库连接。

据《纽约时报》报道，购买 Rekognition 面部识别软件需一次性花费 400 美元，后续每月只需几美元。以这样的优势价格，亚马逊似乎想要占领全部市场，将亚马逊云打造成未来世界上最大的照片数据库，甩开其竞争对手。电视台和《纽约时报》已经在使用这项技术，例如在 2018 年 5 月英国哈里王子和梅根·马克尔的婚礼上，就用此技术自动核实所有参加者的身份。谁在用这种廉价技术？用这种技术干了什么？是要在示威活动或其他公共活动中识别所有参与者吗？或是寻找特定的人？答案就留给读者自己去想象吧。亚马逊强调，每个商业伙伴都必须保证遵守法律，但这也许并不能让我们每个人都放心。[88]

第四章

东西方的支付系统

英国哲学家杰里米·边沁（1748—1832）不仅创立了经济学家普遍认可的功利主义原则，而且还提出了全景监狱（Panopticon）的建筑理念。这一理念对后世的工厂、学校和监狱的设计有着重要的启示。这个单词本身的意思是“看见全部”。在这种具有环视效果的监狱设计中，囚犯受到位于中心监控者的全方位监视。但他们不知道具体在哪个时段被监视，于是，他们就会在未被监视的时候，照样按监视人希望的样子行事。历史上，人们的确按照边沁的设计建造了几座监狱。其牢房群呈现半圆形构造，中间是可以看到每间牢房的瞭望塔。然而，牢房中的囚犯无法看到是否有人监视他们，以及有多少双眼睛在那里监视他们。

在这一方面，法国哲学家米歇尔·福柯（1926—1984）走得更远。他甚至视全方位监控体系为西方自由主义社会的制度性原则。当然，人们无须认同这个尖锐的观点。好在德国基本法保护隐私并防止全面监视，哪怕是对胆小怕事者的一丁点强迫也不允许。德国联邦宪法法院于 1983 年指出：“如果人们不能肯定，其异常的行为是否时时被记录并作为信息被持续存储、使用或转给他人，他们就会尝试尽量不通过这些行为引起注意。如果考虑到，参加集会或公民倡议活动会被地方政府记录，而这可能对其构成风险，他们就可能会放弃行使相应的基本权利。”[1]在社会科学领域中，被监视者的这种行为适应也被称为寒蝉效应。

几年来全球范围内发生的“普惠金融”和“数字身份”事件，必然引发全方位的监视。它形成了一个巨大的潮流，推动我们朝这个方向发展。我们的世界正在成为一个数字化的全景监狱。在监控的高压下，几乎所有人都要提高警惕，避免有失偏颇的行为，轻度偏离者容易被拉回到规范体系。这种状况将会如何发展？应该如何发展？

中国现场报告：完善中的监督和社会信用体系

如果人们想了解，如何通过数字支付和生物识别的结合从细微处进行监督，就一定要关注中国。

长期以来，互联网作为美国人的发明势必受到美国人的掌控，这无疑更加剧了其他国家对网络的不信任。迄今为止，中国政府不仅成功地防范了美国供应商，还扶持了像百度、阿里巴巴和腾讯这类对政府负有责任的互联网企业的成长。这些公司的规模类似脸书、谷歌和亚马逊。

国家、政党和央行（对互联网）的支持使新的移动支付方式得以极速发展。在大城市，几乎每个人都使用智能手机来进行支付，哪怕是很小的金额。在那里，对智能手机 App（应用程序）微信支付和支付宝的使用超过了现金。微信几乎具有 WhatsApp、脸书和亚马逊的组合功能。人们日常数字生活的大部分事情均可以通过这个全能的 App 来完成，绝不仅限于支付。每个用户都有自己的二维码，一个微信用户扫描另一个用户的二维码，他们就连接起来，进而相互能够转账和传递信息。微信是由电信、游戏和社交媒体巨头企业腾讯运营的。其竞争对手支付宝有着完全类似的体系，由阿里巴巴旗下的蚂蚁金融服务集团运营。阿里巴巴相当于中国的亚马逊。当时曾有专家预计，微信和支付宝的交易数量将在 2018 年超过万事达卡和维萨。[2]

人们几乎可以用微信或支付宝支付所有的费用，许多人还用它们实现更多其他社交功能或连接其他应用程序，因而运营商可以获得大量用户的详细数据。这两个应用程序都使用这些数据来评估用户及其行为，并将评估结果压缩到评级中。

阿里巴巴于 2014 年推出一个名为“芝麻信用”的信用评级系统。它以故事《阿里巴巴和四十大盗》中的“芝麻开门”暗语命名。根据用户的所有可用信息，支付宝计算出一套从 350 到 950 的用户信用值。它不仅包括财务信息，例如是否按时支付账单等，还包括与个性特点相关的信息，例如某用户如何度过他的空闲时间，他是否热衷于购买奢侈品或只使用外国品牌的奢侈品，等等。此外，当事人的学历以及朋友和熟人关系等对芝麻评级也很重要。结果是：信用评分较低的人会被标注，他们也就很难找到新朋友。

评级越高，获得贷款和某些特权就越容易，并且成本也越低。那些芝麻评级非常高的人，甚至可以在机场更顺利地通过安检。如果评级较低，就可能会碰到各类麻烦。也不排除这样的情况，人们在搜索合作伙伴时提供自己的评级或查询潜在合作伙伴的信用评级。实际上，在芝麻信用发展的同时，中国政府也在 2014 年公布了开发社会信用系统的类似计划，将于 2020 年起把所有公民纳入该体系。他们的数据将被纳入数据库，以便通过姓名和生物识别特性进行检索。

蚂蚁金融服务集团全力支持这个建设美好中国的愿景。2015 年 6 月，当近 1 000 万中国青年准备参加全国高考时，蚂蚁金服负责人表示，如果她得到一份作弊考生的名单，就会为其社会信用扣分。她说："不诚实的行为应该受到惩罚。"[3]

类似的社会信用模型还有许多。各个城市也通过这些大型移动支付提供商测试不同的社会信用模型。但其基本准则都是一样的：所有人的初始点相同，在此基础上按条件进行加分和扣分。分数高的人享有某些优惠，分数低的人会损失某些利益。依据所在城市的不同，可获加分的项目还可能涉及是否照顾年老的亲戚、是否帮助穷人以及是否得到顾客或同事的好评等。扣分的项目会涉及酒驾、行贿受贿、过马路闯红灯、住房面积超标或不“情愿”参与绿化等。[4]得分低的人，还有可能在求职和为子女择校时处于不利地位。相反，得分高的人，可优先获得最具吸引力的各项资源。如果评分水平较低，你可能还无法获得驾照或其他许可，以及政府的其他福利。谁如果被政府列为失信人，其出行乘用的交通工具会受到限制，高档酒店也不能在这些人的选择范围之内。

据称，现在对在微信上发表对政府的批评言辞的人已经可以通过在微信信用评级系统中扣除点数来进行处罚了。[5] 在微信的使用条款中有明确的表述，腾讯保留用户信息并在政府机构需要时予以提供。[6] 2017 年 8 月，中国央行还下令在线和移动支付程序提供商必须加入其中央处理系统，这使得中国中央银行和政府可以直接访问所有的支付交易数据。[7]

2018 年 5 月，中国正式开始将社会信用评级系统应用于铁路和飞机等出行工具。谁因不佳记录而被列入黑名单，谁便在一年内不能使用这些交通工具。相关的“罪名”包括传播“虚假新闻”、不支付罚款以及在火车上吸烟等。“一朝失信，处处受限”是其背后的逻辑。这一系统在非官方和地方政府层面的存在已有时日。早在 2017 年初，中国最高人民法院就曾宣布，已经有 600 多万中国人因社会行为不端而被禁止乘坐飞机。[8]

中国政府充分利用了其在开发和使用面部及语音识别等生物识别技术方面的国际领先优势。还有一些探索性实验已经在进行中，例如蚂蚁金服的微笑支付计划，即用户只需要对着相机微笑即可完成支付。[9]

在中国南部的城市深圳，行人交通信号灯附近设置了大屏幕，闯红灯和横穿马路的行人的图像会被投射到上面。该系统还因面部识别技术的进步而进行过改造，现在这些人的名字会直接显示在屏幕上，并可以在网站上公布。除此之外，他们还会接到微信通知，告知其不端行为已经被记录，并会被处以罚款。截至 2018 年 3 月，该系统也只能辨识 10% 的违规者。但是，一旦政府整合各类数据库，相信它一定会有更好的表现。在一些城市，警察已经配备了相关设备，以使他们能够自动识别在公共场所看见的所有人和车主的身份。[10]

2018 年初以来，腾讯与公安部决定合作开始拓展微信电子身份证业务。任何拥有智能手机的用户，只要在应用程序中进行过生物识别注册，不出国门就不再需要随身携带身份证，利用这些生物特征可以直接向政府和私人机构表明其身份。中国的很多平台都不再允许为匿名用户提供服务，目前使用最多的生物识别技术是人脸识别。[11] 因此，人与手机已经密不可分。

按照迄今为止公布的计划，政府希望在 2020 年将所有公民和企业纳入国家社会信用体系，但这目前还只是一个相当粗陋的工具。就其核心而言，只是一大堆对违信者的强化惩罚细则。那些因触犯行为规范被列入黑名单的人，首先应受到相关的公共机构和私人机构的惩罚，即拒绝或限制对其服务。相反，对于那些在某些方面堪称榜样的人，则应该被列入红色名单，并以多种形式给予奖励。于是就存在三个级别，即不在任何名单上的绝大多数人，以及在黑名单或红色名单上的人。

然而，许多政府机关有权开列具体项目的黑名单，其中就包括铁路运输。这使得前述体系已经能影响到所有普通民众的日常生活，因为一旦有人被查出无票搭乘火车、在火车上吸烟或不遵循乘务员指令，都将会影响到他日后的顺利出行。到2020年，当各部门之间的数据交换完成后，在黑名单上的人一定会处处碰壁。

2016年底，中国国务院通过法律文件公布了有损害国家机构信任的不端行为清单，实施这些行为者即可被列入黑名单。这种描述有着一体两面。它不仅可以指违法违纪的国家公务员，也可以指那些揭露公务员上述不良行为的人。要在全国范围内引入统一的系统，这个包含黑名单和红色名单在内的简单系统还有待继续改进，数据交换也需实时跟进。除此之外，国家系统的形成还需要借鉴地方和区域各类不同模型的实践经验。在这方面，2017年山东省荣成市的首创性做法似乎值得提倡。那里的公民被分为从AAA到D的六个信用等级。

来自西方的赞誉

优于现金联盟对中国先进的数字化支付表示称赞。在优于现金联盟2017年的一份有关中国表率作用的报告中有如下内容：支付宝和微信可以庆祝它们在短短四年内就实现了数字支付交易达成 3 万亿笔，这个数字增长了 20 倍。这是在普惠金融领域向前迈出的一大步。

关于这个问题，人们还可以换一种角度来看。优于现金联盟肩负 G20 各国政府去现金化的责任，它们根本不提在非洲和印度本身就不存在数据保护。如果要维护我们的基本权利而避免被全面监控和行为操纵，这种做法就需要在富裕的西方工业国家画上一个大大的问号。

西方模式

如前所述，亚马逊在无人零售店使用的监控技术不仅使购物变得更加轻松，还被推销给了安全机构。

如果涉及重大问题，西方因财务监控的需要，会采取手段去使用数据。以英国对移民动用金融制裁权为例，2018 年 1 月以来，所有英国银行必须对 7 000 万账户持有人每个季度进行一次核查，以排查非法居留的外国人。据称，这有助于对非法移民制造一种“肃杀气氛”，一旦查出问题，账户将被冻结，“目的是让这些人难以在英国正常生活”。银行不允许自己纠错，为了避免麻烦和不必要的费用，原则上干脆不给外国人开户，即便他们具有合法的身份。政府当然完全知道这样的境况，但却睁只眼闭只眼。[12]

在企业，特别是金融企业中，数年前人们就强烈地感受到了在全景监狱中生活的寒蝉效应。如果某些国家政府对美国政府来说不受欢迎，在美国开展业务的大公司和大型银行原则上也不会与这些国家进行任何贸易活动，换一种漂亮的说法就是降低风险。这种风险意味着，美国政府可能会认定这样的交易违犯了美国的某项内部法律，因而必须对其实施严厉的制裁。值得注意的是，在美国领土之外，外国企业的商业活动必须遵守所有相关法律和国际法。但美国政府要求得更多，它要求全球所有开展美元业务的金融机构和所有在美国开展大规模业务的公司在全球范围内遵守美国法律。美国能这样做，是因为它有这个实力，国际银行必须能够以美元进行交易，如果美国政府撤销其许可证，涉事银行就走到了尽头。无论公司总部在哪里，如果违犯美国法律，该公司及其经理人就很容易被列在黑名单上。

没有任何敏感的金融业务可以瞒过美国政府，几乎所有跨境支付都必须通过位于比利时的环球同业银行金融电信协会（SWIFT）进行结算。对于监控潜在的恐怖融资或其他犯罪活动而言，登录 SWIFT 系统极其重要。这对实施政府监控和经济间谍活动也同样适用。2017 年 4 月，美国国家安全局发布消息，它们已经在用 SWIFT 代码监视在中东的银行，而且这并不是第一次。黑客组织影子经纪人出具的文件也说明了这一点，专家认为这是真实的。早在 2010 年就被披露，美国曾未经允许就大规模监控 SWIFT 交易，于是大家商定，未来只有在获得欧洲刑警组织的批准后才能这么做。然而，美国中央情报局前雇员爱德华·斯诺登在2013年却披露，SWIFT系统仍然可直接被美国国家安全局切入。欧盟议会希望叫停美国对SWIFT系统的侵入行为，但一向顺从的欧盟委员会却拒绝了这一建议。[13]

当美国通过SWIFT或其他方式嗅到了不受欢迎的金融业务的气味时，鉴于风险，所有银行都会积极配合，助力美国进行针对个人、企业或国家的制裁，而不顾美国能否真的全面评估这些数据。这就导致频有监控丑闻曝光，无论真假都完全以美国的利益为核心，这就体现了最纯粹的全景监狱的原则。谁还敢冒赴美旅行期间可能随时被捕，或许还会遭受其他方式的灭顶之灾的风险？出于谨慎的原则，即便在美国取消对伊朗制裁多年后，德国的银行仍然不与伊朗进行任何金融贸易。德国银行的担忧不无道理。美国总统特朗普在2018年5月宣布，美国退出已经国际协商一致且经联合国安理会批准的伊核协议，重启在该项协议框架内已经终止的对伊制裁。

2018年1月，纽约的一位检察官在审判土耳其银行家穆罕默德·阿蒂拉时使这一原则更简单明了。这位银行家被判犯有同谋和银行欺诈罪，因为他所领导的土耳其国有银行国际业务部没有遵守美国对伊朗的禁运条款。检察官金浚镕说："你可以无视美国法律，选择去帮助受制裁的国家；你也可以选择加入国际银行联合体，并开展美元业务；但绝不能两者都占。"

2018年初，美国政府试图以其域外管辖权有意或无意地阻止伊朗外交部部长出席慕尼黑安全会议。出于对美国制裁的恐惧，没有石油公司愿意为伊朗政府的包机加油。最后，德国联邦国防军不得不介入。美国政府视德国为重要的北约合作伙伴，因而很难将其列入黑名单。[14]

如果美国政府有其他优先选项，在国际业务中仅遵守当地和国际法律条款是远远不够的。乌尔里希·维佩曼以亲身经历验证了这一点，他突然再次出现在特别指定国民和被冻结人的黑名单上。在该名单上的个人和公司涉嫌恐怖融资或传播过大规模杀伤性武器，由美国财政部暗箱操作。据德国《法兰克福汇报》报道，维佩曼曾是 Deutsche Forfait 公司 (贸易融资解决方案提供商) 的董事会成员，具体负责伊朗业务。该公司的经营模式是以折扣价从出口商那里购买其债权，再从国外欠债方那里收回该款项。这些交易均获德国央行批准：德国央行的事后审查显示，所有交易都符合德国以及国际法规。

但是，美国就是不喜欢与伊朗做生意。在 2014 年被列入美国的黑名单后，Deutsche Forfait 公司就慢慢滑向了破产的边缘。遵从美国方面的指令，该公司解雇了维佩曼，才得以被删除出黑名单，但破产的结果已经不可避免。维佩曼本人的银行账户和信用卡均被冻结，德国电信不再为他提供服务。由于登上了美国的黑名单，一家德国货运代理公司还拒绝运输他的家具。鉴于此，他决定向美国政府提出申请，把自己从黑名单中删除。美国财政部要求他澄清他遭到的胁迫，并说明他对其合作伙伴有多少了解，他们之间到底都做了什么交易。被维佩曼视为策反尝试的一次口头质询显示，对方对他所有前往俄罗斯和近东的行程都了如指掌。他因为没兴趣为美国情报机构服务而拒绝美国的要求。结果是，他依旧留在黑名单上。[15]

维佩曼今天该为自己的这一决定感到庆幸，因为2016年有人以约750万欧元的价格从破产管理人手中购买了Deutsche Forfait公司的大部分股份，新股东不仅进入董事会，还亲自负责销售。半年后，这个人就在德黑兰被捕，并于2018年初因间谍罪被判处六年有期徒刑。[16]

与维佩曼的境遇相似，四名德国商业银行员工也遭遇了类似的事情。德国商业银行被迫通过其纽约分行公开了所有和伊朗业务相关的文件和内部通信。由于害怕失去美元交易执照，这家银行接受了美国财政部对其实施的13亿美元的罚款。其他银行如法国巴黎银行，曾接受过更高金额的罚款。上述四位无辜的德国商业银行员工在美国政府的施压下被解雇，但他们拒绝签署离职补偿协议，原因是失去美国政府“宠爱”的银行从业者将不再有机会在金融领域找到合适的工作。德国商业银行不得不应对其涉事员工长达两年的、经过各级法院的诉讼，直到联邦劳工法院最后传出信息称它会败诉时，它才选择了放弃。按照美国的指令，该行还必须阻止员工参与可疑的美元跨境交易，他们已不能再称职地工作了。通过与美国财政部磋商，德国商业银行必须接受一名美国人的监督，并且不得不支付其费用。对这家银行来说，一切与伊朗或其他美国不喜欢的国家的业务往来实际上都不可能再发生了。[17]

乌拉圭的例子也颇具启发性。与美国的一些州一样，那里的政府合法地控制了大麻的出售，期望通过合法渠道摧毁非法贩毒的根基。被授权的药店可以限量出售大麻。很快，其业务银行在美国代理行的压力下致信所有药店，警告称有可能终止其账户。该国国有共和国银行接手此业务，它在数日内就收到了来自美国各大银行的最后通牒，称如果继续这么做，它的美元业务将面临风险。这里的依据是美国的《爱国者法案》，根据该法案出售大麻的钱属非法所得，而根据国际法，这一法案仅在美国有效。对于在美国已经使大麻合法化的州来说，美国的监管机构极力支持银行进行此业务，即便它们为相关公司提供融资，也不会被起诉。但乌拉圭却不享有这种豁免权，其共和国银行最终宣布承担这个最后通牒的后果。这就是说，美国法律适用于国外，却不适用于国内，这一点并不是讽刺。[18]

在维基解密事件中，美国政府只向美国几个大的支付供应商提出了一个非正式请求，就封锁了这个不听话的透明门户网站的资金来源。[19] 该网站花了相当一段时间才又间接获得了新的资金渠道，而且还不稳定。总部位于加利福尼亚州的 Coinbase 公司是全球最大的加密货币交易所之一。2018 年 4 月，该交易所阻断了用比特币或其他加密货币向维基解密商店付款的行为。这些销售带有维基解密商标的 T 恤等物品的商店是否违反了交易所政策，却不得而知。[20]

这个美元国家的制裁权竟也应用在维护美国赌场的博彩垄断这种微不足道的事情上。2006 年，美国出台了《禁止非法互联网博彩法案》，[21] 该法案在 2011 年获得了全球范围内的认可，禁止收取非法博彩资金，违者将受到处罚。处罚是通过罚款的形式来完成的，即取走其非法所得。这里针对的是美国人，他们被禁止参加非法博彩。然而博彩玩家和美国支付服务供应商却从不被起诉，受追究的往往是外国的博彩游戏供应商，即便它们提供的仅仅是最常见且无害的小游戏和小赌注，如网上五子棋。在个别情况下，这些公司的经理甚至会在赴美旅行中被拘捕。

“助人为乐”的驯化师

出于对美国财政部去风险的恐惧，国际银行间的关系变得淡薄。这不仅影响到了美国的政治盟友，还影响了公共管理和法制建设尚未达到发达工业国标准的国家。据世界银行的一项研究，外籍雇员的支票兑现和国际汇票最容易成为去风险的支付方式。除此之外，尤其是这些国家的中小出口商，通过当地银行进行贸易融资总是越来越困难，因为它们在出口目标国没有合作银行。[22]

这些困难往往被以美国为主导的优于现金联盟及其盟友堂

而皇之地作为推进数字化支付的重要理由，好像这是由大规模使用现金造成的。这使得外籍雇员往家乡汇款出现问题，援助机构也遇到支付工资和资助款方面的困难。这就是所谓金融挤出现象，即为了将美国政府最先提出的国内法适用于全球而不惜违背国际法。

然而，“伪善的驯化师”（指优于现金联盟及其盟友——编者注）不仅要求严格，而且乐于助人。它们给出的解决问题的方案是，对上述国家的公民进行全面的生物识别登记。这将使创新支付服务商能够为当地公司和个人提供便利和便宜的国际汇款渠道。事实上，这些创新产品要么来自硅谷，要么需要从那里采购软件或硬件，而这些公司又通常与万事达卡或维萨有合作。这种利益取向都是不为人知的。这些费用绝大部分通常由以世界银行和联合国为首的国际社会承担，其余的由利益获得者及其基金会承担。这还会被它们高调地宣扬为，为慈善事业和社会做贡献。

金融稳定理事会（FSB）是金融影子力量非正式的最高协调机构。2018 年 3 月，该理事会发布了一份关于去风险的报告。通过这份报告，人们了解到了问题的严重性。在 8 个国家中，外籍雇员的家庭汇款占其国家年度经济产出的 20% 以上；在 21 个国家中，这一比例在 10% 以上。许多原先为外籍雇员提供家庭汇款业务的金融机构失去了开展银行业务的机会。然而，金融稳定理事会并没有提出解决问题的建议，也没有针对美国，却提出国家监管者应营造有利于创新的政策环境，支持使用新数字技术进行客户识别和培育金融科技公司等。该理事会建议，世界银行和国际货币基金组织应控制流入市场的现金。作为另一种可能的措施，该报告还谈及了取消数据保护的问题，只是并没有明说。除此之外，该理事会还建议，相关金融机构应该共享数据资源，以便能检索出早期那些汇款人和收款人的真实信息。[23]

这给美国政府带来的利好是：美国金融和 IT 公司在这些问题国家的主导地位得以加强。这不仅优化了数据流，还可以使其更有针对性地实施制裁。我们不难理解，为什么像去风险这样有害的事情会持续这么多年，并且还愈演愈烈，而受害者却没有办法抗衡。这一切都服务于美国的长臂管辖权。

美国对东非的索马里及其居民持续实施全面金融制裁，将其排除在国际金融体系之外，这加剧了该国经济和人道状况的灾难。在那里，美国国际开发署通过施压使流向危机地区的人道主义资金实现数字化和渠道化。为了便于控制和运作，它们召集所有重要的政府和私人援助组织参加一个名为“现金学习小组”的跨国论坛，以确保尽可能多的人道主义援助得以转换成“现金”的方式。[24] 其他组织除了响应外，也几乎别无选择。如果它们因冒犯了美国而无法获得美国政府的安全证明，就会导致其不能把援助款和工资汇往索马里的账户。欧盟委员会和美国国际开发署是现金学习小组的主要捐助者，德国外交部也参与其中。[25]

然而，美国国际开发署所说的现金转移指的恰恰不是真正的现金，而是通过移动支付或电子支付转移的现汇。2017 年全年，应该有四分之一的索马里人以这种方式转移资金，涉及人数超过 300 万人。2018 年 1 月以来，松散的联盟已经变成了一个协同运作的、援助性的稳定财团。它的目的是建立核心数据库，搜集所有的往来资金明细，进而也包括所涉及人员的确切位置和其他更广泛的信息。它自称这是为了避免双重支付和漏付的现象发生，而不是以普遍性监控或阻止、引导难民流动为目的。

决定性打击即将到来

如果有人认为索马里远在天边，既不会重蹈 Deutsche Forfait 公司的覆辙，也不会像德国商业银行员工因涉及伊朗生意而受到威胁，那么就大错特错了。即便在德国，也存在一些社会信用评估类的措施，被用来直接评价和引导顾客的行为。例如，2018 年 4 月人们意外获知，如果客户使用信用卡进行赌博，相当多的银行会对其收取额外费用。德国直销银行中的荷兰国际直销银行对支付赌场中的筹码和赌球的赌注额外加收 3% 但不少于 3.90 欧元的手续费。该银行向《法兰克福汇报》称，这是一项其他银行惯用的商业政策措施。在得知此报道后，德国的银行如 Consorsbank、Corndirect 和邮政银行也纷纷开始收取这类额外费用。[26]

银行悄无声息地引入这种特殊收费，又给不出明确的、具备说服力的解释。这恰恰暗示，它们有反洗钱金融行动特别工作组的幕后授意。毕竟银行不允许在公开场合大谈反洗钱事宜，而赌场和博彩店恰恰被视为洗黑钱的热门场所，或许银行也只是想从活跃的赌博用户那里收取额外费用以补偿其实施监控的成本。

无论出于什么原因，该事件都清楚地表明，当我们用卡支付时在后台会发生什么。值得注意的是，银行有一个收款方代码。每个商家都有一个与产品类别相关的代码，正如药物的分类一样，我们可以根据某人的用药判断其病况或健康状况如何。还有一种债务、婚姻和心理咨询的代码，以此可以推断出某人是否有精神问题、经济困难或可能导致破财的婚姻问题等。介绍伴侣和陪护服务，以及前面提到的赌博提供商都有自己的代码。如果使用卡支付，经销商就拥有用户从那里购买产品的所有信息。按理说支付卡提供商不应该介入这些详细信息，但我不敢断定。

无论如何，人工智能已经足够先进，可以通过所有不同交易者类别中大量的购买信息准确地确定我们的性格和生存状况，以及我们何时做什么等。这些信息首先被用来评估我们作为客户的吸引力和可信度。这类做法的不道德之处在于，没有人真正知道自己被系统按照哪些标准评估并得到了什么结论。没有人为此制订周详的计划，都是该系统“自学”的。它不断地检查各个要素在统计意义上的相关性，并从所有可能的因素组合中找出能展示某种性格特征的组合。例如，它可以汇总统计，都有什么因素会导致某人日后不支付账单或产生高额医疗保险费用的结果。

如果有人正好具有上述统计特征而被归于这个类别，他就必须支付更多的保险费用，甚至根本没有人愿意为他投保。没有人能够判断，这一系统是否会因为统计原因而歧视女性、有色人种或其他群体。即使你知道存在评级，你也无法质疑和纠正它，虽然这种情况很少发生。一位来自英国兰卡斯特大学的研究人员通过反复试验发现，仅仅通过改变屏幕的分辨率，他在某些金融机构的信用评级就会有所改变。此外，你给手机充电的频率以及手机的品牌等都可能影响评级结果。[27]

在不知名合作伙伴的帮助下，谷歌于 2017 年出人意料地宣布，它掌握了美国 70%的信用卡销售数据。该公司希望将其应用于一种新产品，该产品允许在线广告商查看它投放的广告是否有利于提升实体店销售额。谷歌承认，它花了数年时间研究这款产品的隐私保护问题，确保广告商无法获得有关个人买家的信息。但即使谷歌没有传播这些个人数据，事实上它仍然拥有并会在背地里使用这些数据，不断地补充记录人们因支付交易而产生的详细数据。[28] 只要国家不保护性地进行干预，我们唯一能和它对着干的办法是——用现金支付，不签约消费，也不向商家提供任何电话号码或电子邮件地址。

如果西方反自由主义倾向愈演愈烈，我们很快就会发现，一些正常的活动，如在社交媒体上发表对政府的批评性言论，阅读“错误”的杂志或与“错误”的人接触等，会产生不良后果。这些信息也会被私人经济体用以（信用）评级并留存。一家以从社交媒体获取的信息评估个人信用的印度公司坦诚地说：“如果有人不仅积极参与政治运动，还通过社交媒体将之公之于众，这不是一个好兆头。当我们回收账款的时候，我们并不想遇到麻烦。这可能意味着，当此人在这一政治团体中谈论令人不悦的话题时，他的账期就到了。”[29] 如果某人因在公共场合的表现而被归为不入流，此人的名声就会口口相传，从而可能会导致其保险、电话业务以及一切可能的服务费提价，这种结果有些像政府的社会信用评级系统。

美国超市巨头沃尔玛已经在使用从业者和受保人健康计划的数据了，目的是希望能够帮助员工更好地规避健康风险。这些数据包括雇员的用药、购买的商品以及是否会参加选举等。那些被诊断为糖尿病的人会定期收到糖尿病日常注意事项的短信提醒。我们当然愿意相信，这些乐于助人的公司不会利用这些信息去解雇生病或受到疾病威胁的员工。但即使这样的事发生了，也符合公司和保险公司的利益。[30]

中国的社会信用评级系统还让人联想到 Tala 和 Branch 公司（均为小微金融服务公司）的做法：通过在肯尼亚的移动钱

包从加利福尼亚州发放贷款，也使用用户的社交媒体信息。除此之外，通过移动钱包交易时的文字信息也会被评估，包括收发人及其款项用途等，从而获知潜在贷款客户的所有电信数据。例如经常给妈妈打电话有助于提升评级，在脸书中有高质量好友也会享受加分。

社会信用评级系统的直接对应物就是保险市场的发展。也就是说，如今那些想要少交汽车保险的人可能会同意对其驾驶风格或运动健身情况进行监控。总有一天，那些尚未对此做好准备的投保人也会加入这个队伍，否则他们就得支付高额的保费。一旦到了这一步，保险公司迟早会以优惠的投保条件为诱饵，要求我们提供各种可能的数据，最好还包括财务数据。在世界经济论坛的出版物中明确地写着：一切为了客户的利益。这也是保险业的重大承诺。而这对我们来说最终意味着，绝不要在互联网上查看摩托车的图片，不要搜寻关于任何疾病的信息，不要购买被认为是危险运动的装备等，如果一定要买，就使用现金。当然，还包括禁酒精和禁烟。到那时，人们还会建立一种计算模型，用以证明那些政府的批评者或无论对什么事件都进行公开批评的人在统计学意义上构成了风险。设想一下，如果这样的人与保险公司发生纠纷，无论事实如何，他们都会坚决维护自己的权利。

信用评级系统是美国发明的。数十年以来，一系列信用评估机构不遗余力地搜集所有公民和企业的数据。大多数美国人都有十多个来自这类公司的信用评级，却很少有人去向他们解释，或告诉他们如何规避这些数据搜集。越来越多的来自社交媒体的或其他行为的信息也逐渐被记录和评估，这些数据是如何获取的，没有人知道。[31] 一些美国大公司在全球范围内使用信用评级，它们创建了数十亿个档案。在欧洲，也有类似的商业运营模式。针对德国人，也有许多欧美公司建立了贷款信用评级档案，而我们对其却一无所知。但对数据搜集者和信用评级体系创建者来说，从德国获得的数字支付信息价值极高，并且能使他们从中获利。

贝宝的数据去了哪里?

我们有必要了解一下，世界领先的全球在线支付服务商贝宝搜集的数据出现了什么问题？是谁从贝宝那里获得了它们，它们又流向了何处？ 2018 年初以来，人们才得知这个数据链的存在。按数据保护法要求，贝宝公司公布了顾客资料流入的企业和其他一些机构的德文名单。该名单按数据类型和发送目的进行细分，打印出来长达数十页，非常令人震撼。[32] 在此，我们仅需摘录少许即可。

为其在全球范围内的顾客服务，贝宝公司将包括个人身份信息、账户状况和交易数据等在内的顾客信息发给了大约 30 家公司，其中包括贝塔斯曼旗下的欧唯特公司。这是一家以市场营销为目的而建立个人档案的公司。这些数据也被发送给了美国公司，按照美国法律，这些公司有义务向秘密警察和执法机构提供一切信息。

事实上，受各种因素影响，上述大部分的数据都流向了位于英国和美国的数十家信用报告机构和企业。贝宝公司还指出，这些信用报告机构和公司可以不受限制地存储这些数据。出于预防欺诈和新产品测试等特殊组合用途，客户数据被发给了三家美国公司及在英国的西班牙电信国际集团。全面的数据包被发给了以下信用报告机构：Accumio 金融服务公司，CEG Creditreform Boniversum，Bürgel 商业信息公司，Infoscore Consumer（数据公司），Informa Solutions（外贸公司）和 Schufa（私人信贷公司）。这些数据可以从这些机构向世界各地输出，似乎并不受用途制约或其他限制。世界领先的个人数据搜集公司安客诚（Acxiom）正在搜集记录全球大多数公民的全面信息，例如姓名、地址、电话号码、电子邮件和出生日期。美国一家名为 Threat Metrix 的安全技术公司正在收录我们的设备 ID、IP（网际互联协议）地址、Cookie（储存在用户本地终端上的数据）信息，以及电子邮件地址和所有注册信息。因此，它们会产生风险信息，并再次以所谓的特殊组合原因，助力新产品的测试。

对于身份证件的验证以及新产品与服务的测试，美国的 Mitek Systems（软件公司）会收到提交的有关证件、信贷评价等个人信息。同样的数据还会被发送给位于塞浦路斯的 Au10tix

身份验证公司，该公司专门从事文件数据的自动读取工作。另一家世界领先的美国数据公司名为 Zoot Enterprises。它能获取我们所有的文件及几乎所有其他数据，“并以此与欺诈和信用评价机构的信息进行交换”。“所有账户信息和文档”以名正言顺的用途被存储，并进入美国第一资讯集团。除此之外，“所有账户信息、IP 地址以及信用卡信息”均被发送至美国的 MaxMind 公司（在线欺诈检测工具提供商）。在那里存储是为了预防欺诈，但也可以传输给全世界的第三方。

这种情况还会持续很长时间，但至此我们应该明确，贝宝采集到的信息，对全球所有重要的数据库都有极大的增强作用，所有的信息都在那里永久地存储着。这也使我们看得更明白，贝宝公司首席执行官丹·舒尔曼所说的普惠金融，其真正内涵就是将人们“置于系统”中。

根据德国以及欧洲有关基本商业条件的法律，这可能是不被允许的，这类在没有约束的条件下任意使用的服务是不存在的。位于卢森堡这一避税天堂的欧盟数据保护机构应对此负责，可如同那里的税务机关一样，这些数据保护机构的首要目标是，吸引大型跨国公司进驻这个迷你小国。

我们都被按照不同性格和行为特征分门别类地存储。这可能意味着，如果我们已被归入了不具吸引力的类别，我们从供应商那里就只能获得不利的选项。对此，受影响的人可能根本觉察不到。当潜在的雇主或出租方查询到这些数据时，有些人可能会因为不利的归类而无法获得合适的职位或体面优惠的住宅。这就关乎人们基本生存条件的重要问题了。这些信息也可能是错误的，遭受不利后果的人通常不会知道实情，也不可能扭转现状。几乎没有任何东西可以阻止专制政府和秘密警察将这些数据用于打压批评者和持不同政见者。

这个“征途”应该走向何方？按照全面的性格特征评价，中国的行为导向模式更和谐吗？当你了解了具有决定性影响力的万事达卡是如何描述在非洲发生的事情后，相信你会想清楚这个问题。因为发达工业国家有保护公民隐私的意识，这些机构对自己计划的表述方式也有所不同。也就是说，它们在非洲不必太过谨慎。在给黎巴嫩和约旦的难民营提供了支付卡后，万事达卡副总裁安·凯恩斯自信满满地说：“通过数字支付，我们可以控制这些钱真的只用于购买食物或药物。其他东西可以被自动屏蔽，如酒精。”[33]

至此，细心的读者还能了解到，大数据变得越来越重要。因为它“能够促成信用评级系统的升级”。一旦财务数据确定某人有能力履行付款义务，下一步就是要确定他是否有支付意愿，这项评估可能会综合所有当事人的偏好和性格数据。东非的一家信用卡基金会对大数据和普惠金融问题的研究结果显示：“心理测量数据越来越引发关注，包括用于评估个性或性格特征的在线谜题或对脸书喜好的分析等。”Equity 银行是一家在非洲拥有最多客户的银行。它的绝大部分股权属于英国和其他欧洲国家的股东。该行已经对心理测试评级模型进行过试验，在非洲可以很好地开展这类测试。上述报告还称，这种方法十分奏效，该银行计划在整个地区引入心理测量模型。[34]

我们在数字世界中的行动也被一步步地评估。使用过汽车租赁公司优步的车的人，就有一个以数字表示的评级。我们是否可靠地打开了电子邮件，也会被进行评估。我们的每次点击都会被记录并储存，以备进行某种评级的时候使用。现在已经有关注健康的手机应用程序被开发出来，用以统计我们走路、跑步或坐着的时间。它们的卖点和口号是："如果你喜欢坐着，就难免会喝啤酒和抽烟。而我们的应用程序确保为你刷新步行时间记录，不让你为日后支付高额的保险费而担心。"

每种评级都可以成为另一种评级的基础并影响后者。谁拥有更好的评级，谁就会获得更好或更优惠的服务。如果我们不再能匿名或以现金支付，如果未来所有数据都集中在某家公司或某个数据交易商手中，就会使任何一个行为控制或矫正体系都能施加影响。当需要寻找乔治·奥威尔所称的"思想暴徒"时，所使用的标准就是秘密的。当通过全景监狱矫正人们的行为时，监控者将明确行为标准，但尽可能不公开细节。这样，当事人就有足够的信息，朝期望的方向去修正他的行为，但还不足以识破评级估算法。

来自神秘人物的帮助和资助

美国所有大型 IT 公司都受到国家安全机构的青睐，因为互联网本身就起源于美国国防高级研究计划局（DARPA）的尖端研究项目。图形用户接口使我们可用个人设备接入互联网。该局持续资助这些公司的发展，还涉及语言识别及智能手机显示屏所必需的聚合物研究。[35]

只要为美国军方和秘密警察开发有用的技术，美国国防高级研究计划局与美国中央情报局旗下的 In-Q-Tel 风险投资公司就会为科学家和新科技公司提供经济等方面的支持。这些私人研究者和公司依然可以拥有专利权和商业开发权。在大多数情况下，政府资助的初创企业最终将被硅谷的五大企业之一收购，以便这些成熟的技术为大公司所有。

琳达・韦斯在《美国公司》(*America Inc.*）一书中称这种由此而产生的复合体为公私混合经济。[36] 谷歌地图就是由政府的 In-Q-Tel 公司资助私人公司 Keyhole（数字地图测绘公司）所创建的。所谓云技术就是可以使计算机用户将程序和数据在微软的服务器上运行的技术。该技术由 Frame（框架）公司开发，In-Q-Tel 公司也曾参与对它的资助。按照韦斯的说法，这一针对美国小型企业的创新研究计划（SBIR）年度预算为 25 亿美元。大部分的资金来自美国情报机构，这也是美国高科技初创企业最重要的资金来源。2002 年美国国防部向美国国会提交的报告解释了这些举措的意图："最终目的是获得技术上的优势，获得可以支付的防御系统，并同时确保这些为国家安全开发的技术也适合民用，以强化美国的工业基础。"经济学者玛丽安娜·马祖卡托在对苹果公司的历史进行了认真研究之后得出一个有趣的结论，即苹果技术的商业化和发展得益于军方和情报部门的资助。[37]

2007 年，拥有军方背景的兰德公司的经济学者马丁·利比基在其著作《征服网络空间》（*Conquest in Cyberspace*）中提出的战略，至今还在贯彻。其他国家因依赖包括微软在内的美国技术，从而会被对方用友好的方式征服。[38] 地缘战略学家布热津斯基后来也成为美国政府的安全顾问。早在 1969 年当美国国防高级研究计划局刚开始连接一些大学的计算机进入阿帕网（互联网的前身）时，他就意识到这将成为美国的权力工具。在《两个时代之间》（*Between Two Ages*）一书中，布热津斯基写道："美国……正在推动全球信息网络的发展……有史以来第一次，人类积累的知识在全球范围内变得唾手可得。"该书的主要议题是如何在信息化时代实施各种形式的非军事全球影响力讨论。

军事和情报机构的前期投入为美国政府带来的收益，一部分体现在硅谷的五大公司具有的全球准垄断地位的软实力上，另一部分表现在这些公司的知恩图报上。它们不会拒绝任何对其曾有"养育之恩"者的重要愿望。2013 年我们才得知，谷歌前首席执行官埃里克·施密特出任了五角大楼国防创新委员会主席一职，亚马逊掌门人杰夫·贝佐斯也曾在此供职。

据斯诺登2013年公布的机密文件，实际上所有美国大型IT和互联网公司，以及监视全球数据和支付交易的银行都在帮助美国国家安全局。当这些信息突然曝光，这些大公司都庆幸得以从中解脱。正如美国记者詹姆斯·班福德所述："每当这类合作丑闻被爆料时，它都被终止一段时间，然后，一切又重新从零开始。"[39]美国国家安全局明确地使用网络工具通过美国企业集团对全球网络实施有针对性的监控。美国国家安全局的棱镜计划（PRISM）授权情报机构直接从微软、苹果和脸书等企业服务器获取数据。这种数据的搜集工作在多年前就已开始，比尔·盖茨的微软公司是第一家于2007年加入全球情报监控合作的大型IT公司。随后是谷歌、脸书、优兔、Skype（即时通信软件）、美国在线，最后是苹果公司。从爱德华·斯诺登向媒体提供的美国国家安全局演示文稿中可以看出，当时云存储服务商Dropbox（多宝箱）也即将加入。[40]

英国的情况看起来也极其相似：伦敦的初创企业孵化公司StatusToday（人工智能的观察员工平台）为企业提供软件，借此跟踪和持续分析员工的工作状况，从员工在电脑上的活动到使用电子门禁卡的情况都可纳入监控。据此，该软件为所有员工建立了一个典型的工作模型，一旦谁做了与该模型不符的事，人事管理部门就会收到预警。[41]2017年初，该公司在所谓情报机构对年轻企业的孵化器GCHQ（情报和安全组织）中度过了三个月。[42] StatusToday 公司创始人安科儿·莫迪充满激情地说："我们非常幸运，资深的 GCHQ 专家能够帮助我们改进和完善技术。"该企业还宣称："这一监控系统可用于企业对员工工作热情和生产效率的管理。"

来自硅谷统治世界的幻想

全景监狱理念的发明者边沁正经历一种技术上的重生，互联网巨头亚马逊正忙着建造自己的全景监控型工厂。亚马逊 2018 年初获得关于两种方法的专利。借助该技术，人们可以通过特制手环捕获和记录仓库工人的手的确切位置，并且还可以通过手环的振动向工人反馈信息，以达到控制目的。亚马逊的仓库曾经使用过类似的技术，在亚马逊工作过两年的马克斯·克劳福德曾因此提出辞职。他在接受《纽约时报》采访时表示他觉得自己已经变成了一种特殊的机器人，"他们想把工人变成机器，因为机器人技术还没有准备好。在这一技术准备好之前，他们继续使用人类机器人"。[43]

比操纵雇员更重要的是，科技公司能够准确地辨识并操纵其客户的行为和愿望。普惠金融和全面的数字生物识别系统会帮助他们实现愿望。

2017 年，美国驻德国前大使约翰·科恩布鲁姆曾这样写道："人工智能系统也将接管政治决策过程。"知识精英将成为新的精英。他们懂得如何发挥大数据的优势，而政治将退居服务的功能。他说："外交将受制于在时间和空间上提升对信息和物流网络的影响力，这同样适用于军事。"[44] 布尔达传媒集团领导人保罗－伯恩哈德·卡伦从硅谷的视角，以不含外交辞令但略显挑剔的口吻指出："在美国，许多公司只关心对世界的统治。"[45]

盖茨基金会和美国国务院是优于现金联盟的背后推手，还有谷歌首席执行官埃里克·施密特。他们都属于新美国基金会的最大投资人。该基金会是一个拥有 150 名员工和 200 名相关科学家的极具政治影响力的机构。2017 年，该基金会主席安妮－玛丽·斯劳特勾勒出未来"开放的国际秩序"、"开放的社会"和"开放的政府"应该是这种秩序的主要特征。[46] 她给自己的书取名为"棋盘与网络"，以配合统治世界的战略家布热津斯基的《大棋局》一书。她在书中写道："在新秩序中，国家的竞争将被网络取代。"好像这就是一个承诺而非威胁。她说，写这本书的想法是在她担任美国国务院政策规划主任时萌生的。[47]

根植于同一基金会的地缘战略家保劳格·康纳也提出了完全类似的观点，即民主将被公民直接投票和专家意见的混合体而取代。"他们被授权做出决策，促进社会福祉的改善，并使社会免遭危机和风险侵害"。[48] 康纳是全球青年领袖论坛、亿万富翁俱乐部、地理经济学全球议程理事会的成员，也是美国对外关系委员会的成员。

2017 年，脸书的创始人马克·扎克伯格也在《共建全球家园》宣言中概述了他的全球治理项目。在这个计划中，国家政府没有太多权力，而以硅谷为中心的互联网体系则有更大的发言权。[49]他说这话的时候正在美国各州巡游。所以从那时起，人们说他觊觎美国总统的位子。有脸书在背后撑腰，这也不算太离谱的野心。

亚马逊创始人杰夫·贝佐斯称自己是自由主义者，对个人自由极端渴望。他对此的态度与其硅谷的许多同事在一定程度上有所不同。自由主义者对国家都有一种质疑，因为国家代表着个人被融入社会及纳税等各种义务，而这通常在自由主义者圈子中与奴隶制相提并论。有些人会混淆自由和进步的概念，贝佐斯同时把自由等同于个人追求，如同性恋者和有色人种应该拥有相同的权利。然而，就广义上的经济问题而言，自由派茶党运动的章程是反动的，而且对弱势群体来说是冷酷的。这一点也可以从亚马逊仓库工人非常糟糕的工资和劳动条件中得到印证。

对于贝佐斯这类人来说，金钱的权力不容争辩。已经积累了巨额财富和拥有一定经济实力的人，无论如何都应该恣意生活。简而言之，税收及所有由国家制定的规制都很糟糕，而那些具有市场影响力的大公司制定的规则，都是好的。亚马逊的总部，位于美国西海岸的西雅图。美国政府曾想要向每个工作岗位征收500欧元的企业税，用以缓解日益严重的无家可归者问题。但贝佐斯这位世界首富却另有所思，决定抵制这个议案。

贝佐斯搁置了在当地建新办公大楼等计划，这使这个城市面临着可能失去 7 000 个工作岗位的威胁。[50] 市议会随后将税额降至 275 美元，这对于贝佐斯来说仍然过高。虽然亚马逊撤销了部分暂停令，但却宣布将严审其在西雅图的扩张计划。[51]

伪进步的硅谷大佬们被誉为特朗普的对手，但这是一个很大的误解。贝佐斯、扎克伯格等很可能鄙视特朗普这个人，就像戴维·洛克菲勒当年鄙视残酷的智利独裁者皮诺切特一样，但这并不影响他支持皮诺切特掌权。正如他自己在回忆录中所说的，因为皮诺切特对经济政策的观点在他看来“非常有建设性”。[52] 这些人可能鄙视特朗普，但硅谷还是对他所做的事感到欣慰。这位总统极尽对富人减税而让国家更虚弱之能事。2017 年 8 月 28 日，气候与资源科学家彼得·格雷克在一则推特中评价特朗普对自由主义者的功绩时说：“特朗普整个团队的目的是使政府无法运作，然后声称，国家基本上不行了。”

脸书的董事会成员彼得·蒂尔的反应及其敌视国家的态度显而易见。他曾为特朗普的竞选活动捐款，并曾是其过渡团队的成员。作为贝宝的联合创始人，蒂尔还参与了对脸书和爱彼迎的投资，这使他变得更加富有。他对税收和国家的逃避意愿是如此强烈，以至于他极力为海洋家园项目宣传并参与投资。这个海洋家园项目让富人可以在人工岛屿上定居，从而逃脱国家的法律和税收责任。到 2022 年，第一个拥有自己的政府和（加密）货币，为 300 人建造的自治浮岛将在法属波利尼西亚试运营。但即使是这种愤世嫉俗的意识形态也带有仁慈的基调，一个想在那里购物的亿万富翁，也不必感觉自己是反社会的混蛋。因为在那里售卖的是为超级富豪准备的免税浮动码头，作为“应对海平面上升的可持续方案”。波利尼西亚人会感到高兴，至少有几个来自纽约和硅谷的超级富豪，仍将继续在他们美丽的地区居住，而他们本土的岛屿已沉入海中。[53]

蒂尔告诉我们，自由和资本主义与民主不相容。因为在民主制度下，穷人和女人都拥有太多的话语权。2004 年，蒂尔建立了臭名昭著的数据分析和监控公司帕兰提尔。它的名字取自奇幻小说《魔戒》中的全能水晶地球之名，参与投资的部分资金来自美国中央情报局的风险投资公司 In-Q-Tel。帕兰提尔还曾陷入剑桥分析公司和脸书的数据丑闻。[54] 蒂尔极力为帕兰提尔公司的全面监控方法进行游说。他认为，自美国遭受“9·11”恐怖袭击以来，通过数据分析实现的全面监控就不像许多其他安全措施那么受到压制。[55] 这就是硅谷式美丽新世界的样子。

它也正向德国走来。2010 年，维基解密宣布要披露美国银行的负面文件，帕兰提尔与另一家美国的银行安全公司提出为该银行消灾。其提供的服务是，对维基解密进行渗透瓦解，实施非法网络攻击，并通过在社交媒体上发布假消息以诋毁维基解密及其支持者。帕兰提尔的首席执行官兼联合创始人亚历克斯·卡普曾为此公开道歉。这在当时已是广为人知的丑闻了。[56] 他还于 2018 年将亚历克斯·施普林格纳入监事会，后者掌控着德国最具影响力的传媒公司。帕兰提尔公司的顾问包括美国中央情报局前局长乔治·特尼特。其客户包括美国中央情报局和美国军方，后者与该公司签订过一个 8.76 亿美元的巨额合同。卡普认为蒂尔是他为数不多的真正的好朋友之一。现在，能在德国操纵民意的报纸《图片报》就处在这个场景的直接影响范围内。这让人不寒而栗。[57]

德国的世界报集团也是施普林格的菜。这或许可以解释，为什么 2017 年德国《星期日世界报》为支持全面监控给出了各种奇葩的理由。其头条标题是，“乔治·奥威尔的《一九八四》：这是所有地铁盲流、强奸犯、贩毒者、恐怖策划者、抢劫犯、金币劫匪、暴徒和小流氓等最喜欢的书”。副标题是，“关于德国人对摄像机监视恐惧的荒谬起源”。文中的观点认为，只有罪犯和闲杂人等才会害怕视频监控，体面的公民根本不会在乎这个。[58]

亚马逊与资本主义的平台

美国法学家弗兰克·帕斯奎尔曾说，企业巨兽如微信或亚马逊等平台已不再是普通的市场参与者，而是市场的操纵者和游戏规则的制定者，对其他参与者在它们组织的市场上进行买卖起决定作用。[59] 它们越来越多地接手了传统意义上国家的任务，直至争议得到解决。在亚马逊、优步和爱彼迎的带动下，更多的平台而非国家决定着人们和企业如何交易、怎样旅行和居住。平台运营商在特定市场中行使着政府的职能，然而它与国家不同，亚马逊同时还以市场的参与者身份出现，并且因为其市场参与者身份，它还可以利用有关竞争对手和客户的大量极其详细的信息。

德国 Sat 1（卫星一台）电视台负责人康拉德·阿尔贝特称谷歌、亚马逊和脸书为“互联网帝国”。它们拥有意志和金钱，可以吞下或清除一切阻挡其实现垄断愿望的障碍。[60] 关于亚马逊及其领导层，德国《时代周报》的总经理赖纳·埃塞尔说：“最初，亚马逊领导专注于增长，但现在亚马逊突然拥有了更大的眼睛和更大的耳朵，就像童话故事《小红帽》中的‘狼外婆’。因此，亚马逊几乎统治着世界……今天，您可以在亚马逊上获得一切，从智能手机到祛痘仪。这也给这家公司创造了大量数据，通过智能语音助手 Echo（智能音箱）和 Alexa（语音平台），亚马逊的耳朵和眼睛甚至可以进入我们的客厅，窥探我们的隐私。这些公司可能对我们的民主社会构成严重威胁。它们拥有的信息比我们对自己的了解还要多，还时时处处注视着我们。难以想象的海量信息掌握在我们对其道德水准并不了解的少数人手中。”[61]

很遗憾，上面的最后一句并不完全正确。我们知道他们的道德水平，我们为之感到害怕。

像亚马逊这样的巨型公司已经达到了如此规模，以至于人们很难看出，谁能在除中国之外的电子商务领域走向全球领袖的位置。在亚马逊上提供商品的经销商越多，就会有越多的买家认为，他们在这个平台上拥有来自大多数零售商的最大产品选项，因而可以获得最便宜和最好的产品。通过亚马逊购买商品的客户越多，对所有的零售商来说，就越有必要参与其中。供需双方的群体越大，中间人就越重要、越强大。几乎没有一个新的竞争平台能够有效地与今天拥有 5 亿种产品的亚马逊平台竞争。这种趋势还在急剧上升，几乎没有任何交易者或消费者有理由倾向于去选择一个更小的新平台，即便那个平台的价格相对来说更低。通过改变法律，美国政府甚至希望将公共采购外包给亚马逊。

在德国，2017 年亚马逊在自己平台上的交易占整个在线交易的 46%，接近一半。这一趋势还在快速增长。在 47 亿欧元的销售增量中，几乎有四分之三来自亚马逊平台。商业研究所 IFH 的所长凯·胡代茨解释说："如今的日用消费品几乎完全由亚马逊提供。"许多消费者现在在搜索产品时不再使用谷歌，而是直接使用亚马逊的搜索引擎。[62]

今天，亚马逊已经不只是一家百货公司，它还是一个市场营销平台、供应链和物流网络、支付服务提供商、杂货店、贷款人、拍卖行、大型图书出版商、电视和电影制作及制片商、时装设计师、商品生产者、流媒体音乐和电影平台、医疗保险服务商以及领先的云服务器提供商等。每当亚马逊进入一个新的业务领域时，这个行业龙头的股价就会立即下降。到目前为止，相对于公司高达 7 500 亿美元（2018 年 5 月数据）的估值来说，该公司的利润微薄。因为它的战略是通过低价实现强劲增长，并在尽可能多的市场中占据主导地位。亚马逊股票的投资者认为，当公司主导了所有市场而无须为任何进一步的扩张进行横向补贴的时候，其收益会成倍增长。在 2018 年第一季度，亚马逊的收入为 510 亿美元，比 2017 年同期增长了 43%，季度盈利翻了一番，达到 16 亿美元。[63]

几乎没有人敢挑战这个巨人。如果哪一位愿意尝试，那么他很快就会知道自己为此可能付出的代价。例如，Quidsi（电子商务公司）成功地运营一个名为 Diapers.com 的婴儿产品平台。当该企业管理层 2008 年拒绝了亚马逊的收购要求后，亚马逊将尿布和其他婴儿用品价格降低了 30%，并为母亲们提供了免费的黄金会员资格，以提供高折扣的尿布订购服务。只要 Diapers.com 降价，亚马逊就以进一步降价来回应。最终 Quidsi 公司败下阵来，“跪求”被亚马逊收购。随后，亚马逊又将婴儿产品调回原价，给妈妈们带来的超值红利也明显缩水。[64]

2018 年初，杰夫 · 贝佐斯因亚马逊股票的大幅上涨而一跃成为全球个人资产最多的人。他拥有亚马逊 16%的股份，市值为 1 120 亿美元。他成为福布斯富豪榜榜首，取代了比尔 · 盖茨，后者排在第二位。2018 年 2 月，亚马逊作为一家上市公司以 7 030 亿美元的市值超过了微软。[65] 一个月后，该企业集团也超越谷歌母公司，成为仅次于苹果公司位列第二的全球最具价值的公司。[66]

目前，这些大的互联网平台还依然竞争并试图抢占对方的市场。然而，这些平台之间的争夺战可能只是一个走向巨型平台的过渡插曲，就像中国今天的微信一样。微信是一个包含诸如亚马逊、谷歌和脸书等服务公司在内的平台。最终的结果可以通过与目前竞争对手之间的合作与兼并达成，也可通过挤出效应而实现。

走向极权的世界货币

看起来，崇尚自由主义的亚马逊老板正在走向一条康庄大道，即一条剥夺了各国政府权力而将世界引入由富豪统治的道路。在那里，像贝佐斯这样的人掌握所有重要的权力。这条路他已经铺好了相当一部分，加冕仪式将会在世界货币——亚马逊美元的引入和启用之日完成。

大型 IT 公司对接管支付交易业务非常感兴趣。从长远来看，拥有这种业务是大型平台运营商走向成功的最佳先决条件。原则上，银行业务不外乎数据分析、信用和客户访问。在信用方面，资本实力是一个非常重要的方面。科技巨头在这方面的实力真的无须隐藏。对抗它们，即使是大银行也不过是小小的、飘忽的存在。就客户数量而言，它们也远远领先于任何其他公司。

最后，就数据及其处理而言，与 IT 公司相比，银行的牌很烂。因为在这个领域，前者很内行。一项由德美经济学家进行的研究表明，每个网站运营商从每个访客那里获得的几个标配信息，其中有很多可以提供类似于从传统信贷机构用以信用评级所需要的那些信息。这类数据包括：所用设备的种类及其操作系统，是直接通过搜索引擎还是从价格比较门户获得结果，电子邮件的提供商是谁，是否注意到了大小写，是否存在输入错误，以及电子邮件地址中是否含有姓名，诸如此类。作者总结道："以其卓越的数字追踪和处理能力，金融科技足以危及银行的商业模式。"[67]

受万事达卡委托，咨询公司 BFA 开展了一项关于亚马逊、脸书和阿里巴巴等"超级平台"的角色研究。此项研究结果显示，银行在目前竞争环境中的前景非常不乐观。[68] 如果它们愿意在趾高气扬的银行业务上放下身段向大宗贸易的基金经理转型，或许有一些银行可以苟活。在有关客户的知识方面，银行的劣势也几乎无药可救。超级平台拥有庞大且不断增长的客户量，并且还通过拓展更多的业务领域而扩充该数据。因此，与仅在一个业务领域活跃的银行相比，它们可以搜集并汇总来自许多不同领域的更多数据。在中国，超级平台在支付市场上相对更加活跃，银行的利润率已经大幅下降，它们正在丢失客户。

eBay 已经成为近几年来在线购物市场的全球领导者。2018 年 5 月，苹果支付（Apple Pay）宣布与高盛合作，并发行带有苹果符号的信用卡，有关此种安排的更详细信息尚不可得。[69]

谷歌支付（Google Pay）和脸书短信（Facebook Messenger）多年来也一直试图进一步分食支付市场的大蛋糕，WhatsApp也试图这样做。亚马逊目前尚未自行处理支付，仅允许亚马逊客户存入账户或信用卡信息，以便在购物时无须重新输入。然而，行业观察家们仍然坚定地认为，亚马逊最终将染指银行的传统业务。据媒体报道，该公司已经与摩根大通进行了合作谈判，这可以帮助亚马逊即使在没有银行执照的情况下，也可以为其客户提供一种转账账户。关于这一动机，德国《商业日报》写道："科技巨头特别感兴趣的是，能够更好地控制整个支付流程和相关数据。"[70]

除了数据之外，还可以从支付交易的主导地位中获得另一种巨大的回报，即货币创造的利润。对于像亚马逊这样的公司，这种新创造出来的钱非常多，其中很大一部分存在了顾客的网络账户里。我们不妨这样设想：如果亚马逊像银行一样运营，它的供应商拥有亚马逊账户，那么亚马逊可以通过简单地将供应商的发票金额计入其亚马逊账户来支付货款。如果供应商使用此账户资金在亚马逊购物，新创造出来的账户资金将保留在企业中，只是要在亚马逊的另一个账户记账。同样地，供应商的员工不仅可以拥有亚马逊账户，还可以将该账户作为他们的工资卡账户。只有当供应商想要将其亚马逊资产转移给在另外的银行拥有账户的人时，亚马逊才需要来自中央银行的资金转账。因为如上所述，从银行到银行的转账用的是中央银行的钱。

但是，亚马逊仍在考量是否需要申请银行牌照，因为这涉及大量的控制和监管工作。据推测，亚马逊就是因此才探讨了与银行和信用卡公司之间的合作。它可以先让自己的客户使用带有亚马逊标识的账户，即使事实上其背后是另一家银行。等到了最后一步，当所有先决条件都已具备时，亚马逊就一跃跨入银行市场，然后再把这些账户真正掌控在自己手中。

亚马逊拥有的供应商和客户越多，并且能在越多的区域市场和产品市场发挥主导作用，引入亚马逊币就越有把握。如果没有商人能够维持经营而无须在亚马逊出售其商品，亚马逊就可以要求他们办理真正的亚马逊（转账）卡，或至少让他们觉得不这样做就享受不到优惠。对于客户来讲，同样如此。一旦人人拥有了亚马逊账户，这样一个账户就会具有极大的吸引力。具有银行执照的亚马逊只需要通过免费的财务记账处理，将账面资金从一个亚马逊账户的债权方计入另一个亚马逊账户的债权方，就可以实现国际转账。它还可以以引入新卡为由提供具有挑战性利率的贷款，银行几乎不能与如此一个支付交易方面的竞争者抗衡。

排斥性竞争威胁到的不只是银行，还包括政府及其央行。央行迄今为止一直与私人银行业合作，并满足国家货币供应需求。当能够在国家银行系统的控制下保持权威时，像亚马逊这样的大型平台就拥有了全球的发言权。

我们想象一下，如果在一个中等规模的非洲、亚洲或拉丁美洲国家，亚马逊可以主导其在线商务，并提供在美国管理和监督的账户。亚马逊还可以在这个国家通过与当地银行合作以该国法定货币进行交易。然而对亚马逊来说更具吸引力的是，供应商和买家拥有以美元结算的亚马逊账户。在这种情况下，亚马逊就可以提供更优惠的交易条款。

有执行力的主权国家政府可以通过禁止以外币进行在线交易来阻止其进入。然而，这可能会给其公民带来一些不便，使公民陷入经济孤立和不入流的境地。首先可能被亚马逊美元攻入的国家会是那些在政治和经济领域遭遇重创的国家。这样，当地居民就更乐意接受本币的替代物，政府也对此无能为力。被这样美元化的国家越多，转向在线贸易平台的贸易越多，亚马逊美元就越有吸引力。无论在哪里，任何国家的人都能用这种货币买卖而没有汇率风险和汇兑成本。使用亚马逊美元的顾客和国家越多，亚马逊可获得的利润就越大，它在更大范围内发行亚马逊美元的可能性也就越大。于是，亚马逊就可以在全球进行买卖业务，只需要给卖家在其亚马逊转账账户上记上一笔债权即可。

我们在此谈论亚马逊美元只是为了说明，谁会推动它的流通。它无须是一种独立的货币。实际上，摩根大通银行的资产必须用摩根大通美元来衡量，德意志银行的资产也是德意志银行欧元来计量的。这样的称呼并不常见，在正常情况下也没有太大意义，因为由该国中央银行和银行监管机构控制的支付系统能确保,(几乎)每家正规银行的资产总是能按面值兑换成官方货币,如欧元或美元现金。也有例外的情况,如希腊和塞浦路斯在银行业危机中的情形就是这样的实例。两地的银行都受到资本管制,也就是说银行的欧元非常有限,不具备在欧洲央行变现的能力。在希腊,2015 年夏天实行的交换限制,在 2018 年依然存在,只是限制在减少。

凭借银行牌照和与银行监管机构合作,亚马逊可以按照与银行业相同的原则推出亚马逊美元,只要能保证以面值与真实的美元兑换即可。美国政府应该不太会反对,因为它对美元的全球主导地位最感兴趣。它的形式可以是传统的银行美元或亚马逊美元。美国政府可以通过监管和必要时的施压将更多的人和国家紧密地联系到这一体系,让造币的利润所得源源不断地流入美国国库。

还有一种发生概率极小的可能性,即亚马逊完全摆脱监管而建立属于自己的货币,亚马逊自己建立这个货币体系并监管,无须第三方介入。谁也无法排除这个时代的到来,假如让一个叫扎克伯格或贝佐斯的人来当美国总统,会被批准吗?就其在全球的大规模使用而言,这甚至可能比官方的美元更有利,也因此可能更符合美国政府的利益。如果美国政府将其纳入银行监管,就必须接受平等原则。也就是说,它不能视亚马逊为银行中的另类,这样反倒会极大地阻碍亚马逊美元在世界范围内的扩张。像亚马逊这样的公司不需要银行监管来维护用户对自己资金的信任，只需通过限量发行亚马逊新币使其与美元汇率保持稳定即可。如果亚马逊的经营足够稳健，银行监管机构可能会坐视不理，权当亚马逊不是银行，亚马逊的资产也不是钱。这就像 Safaricom 公司在肯尼亚推出的移动钱包服务一样，为其使用提供便利。

因此，让我们想象一个拥有银行牌照的大型主导平台运营商。它集谷歌、脸书和亚马逊为一体，全球绝大多数市场的参与者都会在此平台上进行买卖。那么，它将是一家能够同时管理大多数人和企业的资金并处理其大部分支付业务的公司。在这家公司，巨量的信息不仅被汇总，而且在全球范围内被储存，包括我们何时何地通过哪一台设备购买了什么、查询了什么，以及我们用亚马逊的钱在别处购买了什么等。凭借这些丰富的信息和技术，亚马逊和谷歌的算法可以建立一个令人难以捉摸，但更有效的行为控制和操纵系统，完全不同于中国的社会信用评级系统。对不服监管者可随时进行严厉制裁，从冻结或限制支付到禁止其购买某些商品或服务。但估计很少有这个必要。对亚马逊来说，不仅每个消费者，而且每个政治家和每个可能参与竞争的企业家都是透明的，操纵和制裁都变得多余。

亚马逊美元的重要性将使美国的法定货币变得不那么重要，这将影响政府的经济政策调控能力。货币主权无疑是国家主权的核心要素，在这个方向的任何发展都很可能引发来自政府的反作用。这可能是亚马逊在支付方面异常谨慎的原因之一。但无论如何，它都在朝着这个方向挺近。2018 年春，除了与摩根大通的合作计划之外，亚马逊还宣布希望给其语音助手 Alexa 配置新功能，以实现资产在用户之间的转移。[71] 一旦该公司在所有相关的国家都取得了市场支配地位，这种迄今为止的低调风格可能很快就会发生改变。

是否会出现具有竞争力的中国货币体系？

中国政府已经意识到，美元在世界金融体系中具有强势地位，并在财政和战略上有很大优势。而这对中国而言，却表现出极大的劣势。2015 年，中国政府推出了以人民币为基础的国际支付系统。美国安全中心的地缘战略研究中心立即警觉到，这一中国体系最终可能会减少国际贸易公司对美国金融体系的依赖。[72]

2018 年春，中国又向前迈了一大步，即非正式宣布未来在石油采购中可以用人民币结算。中国是仅次于美国的第二大石油消费国和最大的石油进口国。为加强话语权，中国政府在上海设立了相关期货交易所。在此，投机者、投资者和交易商可以用人民币来确定未来交割的石油价格，并进行相应保值。[73] 最初，其人民币原油期价直接来自与美元期价相应的人民币价格。但如果中国将大量石油直接以人民币交易并签订长期合同，那么未来的定价权也可能会发生逆转。这将对美元的地位构成威胁。

每年 14 万亿美元交易额的石油市场是所有商品市场中最重要的。美元之所以在外汇储备中很受欢迎，是因为人们知道可以用这些美元支付其石油账单，并且往往也是必需的。如果另一种货币同样有效，那么人们在外汇储备时换掉美元也不难。一些石油出口国，如伊朗、委内瑞拉和利比亚，均已宣布它们想要为了自己的石油出口而放弃美元，这严重破坏了它们与美国之间的关系。利比亚还希望用镀金第纳尔取代由法国发行的非洲金融共同体法郎，并使之成为该地区的主导货币。但这并没有成功，因为法国早就联合北约一道打垮了卡扎菲政府。2015 年底，希拉里·克林顿被曝光的电子邮件对这一直接联系有所揭示。[74]

然而，中国却是一个另类。作为一个核大国，外国干涉使政权更迭几乎不可能实现。如果不以美元衡量经济总量，而考虑到中国的较低价格水平，那么中国经济的规模已经超过美国。就目前的增长率来看，即便以美元计算，中国也将很快超越美国。这就提出了一个问题：中国是否会取得成功？这是自第二次世界大战以来没有任何国家可以做到的——质疑美元的主导地位，从而挑战美国在金融体系内外至高无上的地位。中国能否在亚洲确立人民币区域，借此让银行美元或亚马逊美元不再那么重要？

通过微信和支付宝，以及这些巨型支付平台的上亿基数顾客群来看，基本的先决条件似乎已经全然具备。在支付宝的 8 亿用户中，有 2 亿人居住在国外。美国和中国的巨头正在为争夺巴基斯坦和印度等国的客户进行着激烈的斗争。这种支付霸权之争还会在那里以及亚洲的许多其他地方较长时间地进行下去。

如果想就目前的趋势进行预测，就必须对世界货币系统的两极进行预测：一个在美国，另一个在中国。但问题是，这个趋势是否会真的这样继续下去。

对美国而言，美元不受限制的全球主导地位至关重要，它与军事优势同等重要。如果没有这样的特权，即以自己“印制”的美元来支付账单，美国就无法负担其在全球的无数军事基地的花费。直到 20 世纪 80 年代，日本在相当长一段时间内都拥有非常高的经济增长率。那时，每个人都相信日本将很快超越美国，亚洲也将成为世界经济新的中心。但事实却并非如此，日本出现了巨大的投机泡沫。在高峰时期，仅东京皇宫所占的地产价值就与整个加利福尼亚的相当。这个连日本央行也参与其中的泡沫最终破灭了，并备受谴责。当时日本被要求按西方模式进行新自由主义的经济改革，这导致彼时日本富有成就的产业政策模式被葬送。[75] 日本仍然是一个富裕的国家，但它的银行业已不对华尔街的全球主导地位构成威胁。

可以肯定的是，美国地缘战略家长期以来一直在思考如何抵御来自中国的威胁。美国不会放任中国从根本上将其推下其垄断的世界霸权地位。最有可能发生的是，美国将提出一个有效的战略，像对待当年的日本一样对待中国。只要美元的地位和美国对世界金融体系的影响力足够强大，它就会将这种影响力作为对付中国的有效武器。

人们常常提及的观点是，如果美国将美元用作对抗中国的武器，那么它就会伤害自己的经济，因为中国具有同样的潜在杀伤力。中国持有超过 10 000 亿美元的美国国债。这就是说，如果中国将这些债券投放到市场，美元利率会飙升并使美国经济陷入衰退。其杀伤力或许更强，这是人们一直以来津津乐道的话题。自从美联储公开表示它可以毫发无损地买下数万亿美元的政府长期贷款后，这个论点就丧失了说服力。

如果与中国发生金融战争，美国不可避免地会遭受巨大的经济损失。但从长远战略考虑，如果没有其他途径可以避免美国丧失霸权，那么美国的地缘战略家将会发动金融战。

中国的金融和经济体系当然也存在风险。2009 年以来，中国监管部门就非常担心大面积的产能过剩。为了遏制这个问题，高风险行业的企业在国内银行获取贷款已经受到限制。这导致相关企业纷纷到国外举债，尤其是美元债。2007—2016 年，中国外债余额从 200 亿美元增加到 8 230 亿美元。其中，5 340 亿美元是非金融类企业对外发行的公司债。同期，每年发行的外债从 30 亿美元增加到 2 370 亿美元，其中约 85%是美元。换句话说，2016 年中国企业和银行已向其海外债券持有人欠下近 1 万亿美元。这一数字现在还在持续增长。[76] 目前，中国企业的债务总额（含本币债）经折算后相当于 20 万亿美元，这是中国年度经济产出的 160%。[77]

以资产总额排序，仅在 2017 年，中国四大银行的资产总额就增加了 1.7 万亿美元，包揽全球排名榜前四。紧随其后的是一家日本银行，美国最大的银行摩根大通也只能屈居第六位。然而，股票投资者仍将摩根大通的估值排在首位。[78] 资产总额的扩增在西方意味着更大的负债杠杆，以及由更多短期负债叠加而支撑的更多长期资产。这意味着，如果经济继续以这样的速度和规模发展，就会大大降低其抵御短期利率上升风险的能力。在 20 世纪 80 年代，日本银行采取了这种向上冲的做法。众所周知，这最终导致了严重的银行和金融危机。

一个国家，如果其外币债务如此之多，债务杠杆（率）如此之高，就很容易在金融战中受到损伤。美元利率从 0.5% 的低位上升到 2.5%（2018 年 5 月），就已经对以美元举债的企业造成了损害。这还只是美国政府对其政府债券必须承诺的回报，中国企业实际上必须支付更高的利息以回报其投资者。如果利率再上升一到两个百分点，可能会导致更多企业的破产。

一旦中国经济先一步出现受到打击的迹象，美国大型投资银行和评级机构就会对中国企业的信誉度发表质疑性报道。如果这个把戏也正好让公众中了圈套，那么整个事件就变成了一个融资怪圈。那时这些公司只能以承诺更高的利率出售新债券，并必须寻找买家。而通常典型的情形是，企业会以发行新债券的所得来偿还到期外债。这种再融资代价越高，公司的财务状况就越糟，爆发生存危机的可能性也就越大。外债高企的中国企业的破产浪潮将会牵连其他企业和银行，从而可能使中国经济陷入严重的危机。在幕后的危机谈判中，一定会有保证美国互联网巨头进入中国市场的条件。

上述场景只是在引发金融战争中特别清晰和常用的手法。在《权力》(*Machtbeben*)一书中，作者迪尔克·米勒详尽地描述了这样的中国危机情景，书中还引用了关于许多饱受煎熬的大企业的颇具说服力的例证。地缘战略家们肯定觉得事态还会更复杂、更玄妙。如果决心坚定，成功似乎唾手可得，但也绝非一定如此。中国政府手中的外汇储备虽然在减少，但数量仍很大。中国一定会采取反制措施，或许能取得成功。

在中国政府权力范围内就有这样成功的范例。在20世纪90年代末，发生过一场精心策划的，针对港元与美元挂钩的金融风暴。香港金融管理局通过大规模购入被美国对冲基金作为攻击目标的当地企业股票予以反击。最终，在挫败攻击后，它还美美地赚了一笔。[79] 这是一个可以想象的中国政府赢得金融战争的脚本。无独有偶，中国的互联网巨头在这之后也比之前更为强大。这样可能会导致一个双极体系的形成，而非一种世界货币，两股势力及其追随者会发生持续的冲突和竞争。但是，鉴于美国的金融优势和冲突的巨大成本，我本人不押注这种结局。

第五章

反抗、特洛伊木马和解决方案

赫胥黎的《美丽新世界》对于大多数人来说，是一种恐怖景象，但至少在一个由硅谷老板们控制的支付世界里，这被看成一种有吸引力的未来前景。许多人已经被越来越密集地警告，这种拒绝会变成有效的抵抗，表现在以下三个方面：不能分裂，不相互对抗，也不能走入死胡同。

我们首先探讨这个死胡同问题。其中两个是社会问题和技术解决方案的关系问题。当社会条件和权力关系满足技术要求时，它们就会发挥作用。如果不是这样，这些技术解决方案所造成的损害比其带来的益处更大。按照前面援引过的富山原则，技术的主要作用是强化现有的力量。伪技术解决方案有点类似于那些所谓法律或社会创新，并没有改变现存的力量关系。这也是弊大于利，如强者利用木马病毒，安全地评估抵抗巢穴，让他们惊喜，而对方却对将要发生的事全然无知。第一类是技术方法，包括加密货币，可以是私人的也可以是国家的。我们在下面会先论述这类问题。第二类是法律或社会方法，包括数据所有权的创新。关于这个问题，我们随后将进行仔细探究。

比特币的希望和数字央行资金的欺骗性

对于许多人来说，比特币这样的加密货币是以货币形式保护我们隐私的最大希望。比特币属于一种非政府货币和非政府支付系统。2009 年有位化名为中本聪的人发明了它，但这个人是谁目前尚不清楚。该系统使用互联网，实行分散组织，全球可以通用。它的规则在一套程序代码中被确定。通过所谓“矿工”完成其任务而获得报酬，新“币”便进入流通领域，这是为了验证比特币交易。当用户想要将比特币从一个账户转移到另一个账户时，“矿工”会验证发送人是否真正拥有这些币值，并记录拥有者的身份。为此，它们必须借助大型计算机完成复杂的计算任务，这是由迄今为止可公开的比特币交易推导出来的。谁最先解决这个问题，谁就将获得报酬，其余的人就算是陪玩了一场。

这样一来，比特币系统的耗能之高难以想象，并且运行相当缓慢，它每秒钟只能处理七笔交易。而我们现已建立的支付系统要快数百倍，并且能耗极少。[1] 据普华永道咨询公司比特币专家亚历克斯·弗里斯在专业期刊中估计，每完成一笔交易，比特币系统的能耗至少 300 千瓦时。尽管其支付份额微不足道，但它目前每年消耗的能量为 2.5 千兆瓦时，而且这一数值还显示出强劲的上升趋势。预计增量将高达 7.7 千兆瓦时，这略低于整个奥地利的电力消耗。[2]

已确认的交易将被写入区块链。人们可以将它想象成现金簿，其中每个填充的页面都盖有印章且不可改变。同时，被称为“块”的页面通过数字印章线连接，因此不可能替换任何一页。一旦有人试图伪造一个条目，就会被发现。因为所有的计算都具有相关性，一旦后期对一个区块中的某个数值进行更改，那么整个数字链就对不上了。

比特币有时被视为数字黄金，这无疑是一个贴切的比喻。正如黄金必须消耗大量的能量才能够从地下被开掘出来一样，比特币在大型计算机系统中被“开采”出来，同样伴随着巨大的能量消耗。黄金这个比喻的贴切之处更多地体现在该程序的独特设计上。按其设计，进入流通的新比特币会逐年减少，大概到 2040 年就完全没有了。从另一个角度来讲，将比特币和黄金类比也有不当之处。黄金和其他贵金属都可被用作首饰和制造业的原材料，即使突然所有人都对黄金作为支付手段失去了信心，它仍然保留其作为首饰和工业原料的价值。相反，比特币不具备这种广义的、默认的支付替代物特性，因为它们只是一些无法使用和没有价值的数字组合。

在比特币之后，还有数千种加密货币被人们创造出来。除了比特币，相对比较重要的还有以太币、瑞波币和比特币现金，其中部分算法相较于比特币更高效、更节能。

加密货币的一大优势是它的匿名性，更确切地说，它只使用代号。事实上，只有现金交易才是真正匿名的。用比特币进行交易时，人们只是在另外一个名字或数字代码下操作。这两者的区别巨大。首先，如果有人要把比特币换成美元或欧元，其代号就很容易被破解。[3]而一旦某人身份暴露，在这个代号下的所有比特币交易就成了公开信息。对于进行比特币交易的大多数比特币用户来说，官方只能在线查询到其代号。在几乎所有主要比特币交易所，人们必须提供身份证明或其他类似证明才能进行比特币交易。相应地，安全机构和秘密警察也依据协商一致的声明放松了对比特币的监管。

2018 年初，美国和韩国等监管机构对比特币交易进行过一系列的调查。中国也宣布限制比特币交易。伊朗政府虽然禁止其金融机构参与比特币及任何来自自由社会的人所进行的交易，但因加密货币的国际性和分散性，没有能力在全球范围内执行禁令。这表明了监管力量的天真和无知，尤其是对其背后的跨国影子力量及其利益诉求一无所知。

美国是对几乎所有加密货币都可以追溯到源头的国家，却根本没兴趣出台什么禁令。韩国在 2018 年 5 月不情愿地宣布，改变其原本对比特币等非常严格限制的态度。韩国的不情愿，可参考 G20 和反洗钱金融行动特别工作组的文件。后者在 2015 年的《加密货币监管指南》中将其列为首要任务，文中这样写道："反洗钱金融行动特别工作组承认金融创新。"该指南建议各国政府，将监管重点限制在那些能够与普通货币交换的加密货币上。应对交易所内将加密货币兑换成普通货币的行为进行监管，而无须关注加密货币在不同的用户之间的转移。[4] 韩国公告的背景是一份 G20 协议，这被一些亚洲媒体和专门的网站转载，其内容为，加密货币应在世界范围内广泛地作为金融资产被接受。韩国政府之前因其投机性特征而把加密货币作为监管对象。2018 年 7 月出台的 G20 的指南，成了一个所有国家政府都应该遵守的世界规则。[5]

强者的工具

如果认为，借助硅谷创建的加密货币可以蒙骗银行乃至美国政府，（很遗憾）那是空想。有观点认为，美国情报机构是比特币发明的幕后推手，这并非不可信。亨宁·迪德里希在《以太坊》（*Ethereum*）一书中写到同名加密货币时提及，美国的秘密警察国家安全局拥有用于以太坊区块链算法的专利，并提供免费使用。[6] 我们怎敢相信，一向好奇的秘密警察会放弃修建一个秘密后门或关闭装置的机会吗？

即便比特币的发明没有幕后操纵者，至少早就有人将比特币和其他加密货币全面地置于其羽翼之下。美国现任总统过渡团队成员彼得·蒂尔就向全球加密货币支付处理商巴比特提供了启动资金。由蒂尔联合创立的支付平台贝宝与巴比特建立了合作伙伴关系，大型比特币交易所 Coinbase 和 Go Coin（数字货币交易平台）允许贝宝接受比特币，这打通了比特币交易平台之间的联系。通过伙伴研究项目，蒂尔为开发商的项目提供资金和建议。这些伙伴研究人员包括以太坊的发明者维塔利克·布特林、零币的发明者加里·勒和 Augur（去中心化的预测市场平台）的发明者乔伊·克鲁格等。蒂尔在 2015 年的一次会议中表示："贝宝想要创造一种新货币，但失败了。但我们创建了一个新的支付体系。我认为，比特币在新货币方面取得了成功，但支付系统仍然有诸多不足。"从中人们可以听出其心声，即通过新货币和相关支付系统掌管全球支付命脉的雄心。[7]

加密货币完美地契合了硅谷的哲学。比特币和区块链原则上是为了取代信任而被发明的。如果把所有内容都写在公开可见的区块链里并且立即可以得到验证，那么人们就不必再信任货币发行者和商业合作伙伴，也不必再信任任何个人和机构。像亚马逊、脸书、爱彼迎和优步这样的公司还能有什么用？西方的国家和官僚机构也无外乎是在广大的无名社会中创造了社会信任的机构罢了。如果区块链可以做到这一点，人们就不再需要国家，这些平台就可以掌管一切。

去现金运动的协调员，人称"幕后先生"的拉里·萨默斯也是这个"朋友圈"的一员。他为加密货币和区块链技术的主要投资者之一——数字货币集团（DGC）提供咨询。[8] 这是一个有趣的组合。一方面，萨默斯总是站在去现金运动的最前沿。他支持去现金的主要理由是，这种付款方式因其匿名性而对恐怖分子和其他罪犯更有利。另一方面，萨默斯又为开发加密货币的企业投资，并向相关投资者提供咨询。这或许意味着，要么加密货币的匿名承诺没有根据，要么萨默斯的去现金论点纯属虚伪，很可能是两者兼有。成熟的金融巨头均参与了数字货币集团，如西联汇款、英国保诚集团、万事达卡和贝恩资本以及美国总统候选人米特·罗姆尼的风险投资基金。其他人根本没有机会参与。

国家加密货币是一种虚假包装

2017 年，瑞典央行点燃了很多人的希望。它宣称政府本身就可以在各自的国家货币体系中发行数字货币以取代现金。从技术上讲，这不会存在大问题。电子货币和现金这两者都是由各国中央银行发行的，并为其提供保障。

瑞典央行考虑可能有两种方法。第一种方法是引入记账货币，其下又分为两个子选项。第一个子选项类似于一种信托资产，它是由央行委托商业银行管理的资产，这些资产不进入银行的资产负债表。第二个子选项是，由央行自行创立账户。这就意味着，所有公民和企业都可以直接用央行账户进行交易。

第二种方法是价值决定型。这是类似于现金的替代方案，看起来就好像可拥有和控制的电子货币。借助以央行货币充值的支付卡和电子货币交易所，用户就可以支付央行电子货币。像现金一样，不必经过中央会计师，货币就可以被转手。该项目组建议，允许小款项的匿名支付。至于最终是否会引入央行数字货币，瑞典央行尚未决定。相反，英国央行在考虑央行数字货币问题时明确表示，匿名支付对其来说是不可能的。[9]

可以看出，央行数字货币原则上可以如此设计，以使用户把现金的优点带到数字时代。保留“原则上”是重要的，一切都取决于中央银行对自身和用户的规则和限制。如果用户可以在商业银行账户和央行账户之间自由转移数字货币，即使取消现金，他们也不会再将自己的钱转入有倒闭风险的商业银行中。他们的债务人将是央行。而央行不会破产，因为它可以“印制”自己所需的钞票。如果排除对国家数字货币实行负利率的可能，就不会发生私人资产被冷酷地侵蚀，用以补贴银行或国家财政。如果国家确保政府数字货币能够匿名支付，那么现金的一个很重要的优点就可以被引入纯粹的数字未来中，以确保个人隐私权。

这曾是四个肯定的问题，现在却变成了四大疑问。我们为什么要接受，由政府主导在金融领域消除匿名性，并为一个由它控制的数字货币担保？我们为什么要接受，政府竭尽所能却将储户置于危墙之下，让储户在银行破产时遭受损失而无法逃避？为什么要假想可以排除银行会实行负利率的可能？央行去现金就是为了最终引入负利率，怎么会对现金的继任者数字货币放弃负利率呢？所有这些都可能发生在引入阶段。目的是让人们接受这种支付方式，并同时促成去现金化。现金继任者一旦被成功引入，谁要是还对政府抱有幻想，就未免太天真了。

相反，德国央行行长魏德曼的观点则令人耳目一新，他拒绝引入国家数字货币，因为这与银行的利益相悖。他论证道，国家数字货币无异于每个人都在中央银行有个账户，对于公民来说，这应该是非常安全的，但对银行却不利，因为它使银行的“短期偿付能力和资产流动性变得更加困难”。换句话说，它们不能再要求贷款的高利率回报，这钱得它们自己去找。此外，魏德曼还警告说，在危机发生时，银行挤兑风险很大，因为储户会从商业银行提款并将资金转移到更安全的央行。[10]

当中央银行致力于推行央行数字货币时，就不太会注重公民的权益。不是让他们从银行中解放出来，而是将他们作为国际货币竞争的工具。最近，以去现金活动家著称的哈佛大学经济学家肯尼斯·罗格夫就表示：“中国认为数字货币提供了一个取代美元成为世界储备货币的机遇，这或将改变全球的权力结构。因此，美联储也在研究引入数字美元的可能途径，如果不这样做，它会疯的。”对于美联储，即美国的中央银行而言，其自身的数字货币同样也是捍卫美元国际主导地位的手段。罗格夫补充说：“原则上亚马逊可以发行自己的数字货币，但因政府要求访问交易数据，亚马逊故而将三思而行。”[11]

俄罗斯的态度同样也很积极。“我们已经达成一致，国家监管加密货币的发行、开采和流通过程。国家必须掌控一切。”俄罗斯财政部部长西卢安诺夫在解释未来加密卢布的理念时说。美国中央情报机局怀疑，俄罗斯正试图以匿名货币规避美国制裁。[12]

虽然美联储在考察数字美元的发行问题，但它似乎更应该关心另一个问题，即是否以美国金融和 IT 企业通过加密美元去对抗加密人民币和加密卢布。如果私人企业和投资人进入加密货币流通领域，国家和具有政府背景的机构的作用就不那么明显了，许多不同的方法都可以尝试。对美国政府而言，无论哪一种模型起作用，只要可以控制其他国家及其货币区的潜在竞争即可。如萨默斯担任咨询的数字货币集团和其他杰出投资者一道参与的创新实验室计划，从根本上创建一种与美元有稳定价值比的加密货币。[13] 由于其设计基础与比特币不同，它的价值不会产生剧烈的波动。比特币的巨幅波动性使其几乎无法作为支付手段，而这种新的加密货币似乎更具吸引力。为确保价值稳定，新基础货币的发行量应自动调整，以使其与篮子商品的美元价格尽可能相同。[14]

很难想象，如果这种加密货币盛行，对公民自由方面会有什么好处。俄罗斯或中国的替代方案可能对地缘政治力量平衡具有相当重要的意义，但对公民自由来说却未必如此。

特洛伊木马数据所有权

有一种东西，例如数据所有权的概念，听起来不错，但只会让强者受益，而使公民自由受到损害。对此，德国总理默克尔与德国前交通部部长亚历山大・杜布林德曾发表联合声明，其直接动机是为了维护汽车行业的利益。这让人担心硅谷可能窃取了现代化汽车上的传感器和其他监控技术的大量使用数据，而这本应是汽车制造商所拥有的。因此，默克尔在 2013 年 3 月就明确地表示，必须依法澄清数据的所有人问题，欧盟必须迅速对此采取行动。与此同时，杜布林德在一份战略文件中也建议，数据应该在法律上与其发生体本身等同处置，这样才可以界定所有权的归属人问题。[15]

关于这样做是否违背了数据保护的基本原则，律师们也存在争议。现实中的做法与数据保护内涵背道而驰，正如有利于汽车制造商的建议所显示的那样，人们自然而然地认为，汽车购买者在购买汽车时会“自愿”将数据的所有权转让给汽车的制造商。随后，该条款将被直接地写入交易条款。

此后，有关数据所有权问题的讨论一直在进行，但在立法层面并没有取得真正的进展。人们选择了另一种路径。在碰到这类敏感问题时，世界经济论坛经常提出要掌控处置权。那些企业巨头俱乐部与美国国土安全部共同开发了一个模型，旨在将人们变成自我监督的辅助警察，以便从根本上消除由数据保护法造成的任何阻碍。为此，获得国家认可的私人俱乐部有责任对旅行者在边境进行更好的监控。两年来，这些企业为此组织了一系列的研讨会，美国国土安全部和其他一些政府机构被允许列席。它们认为并且希望其结果随后付诸实施。结果汇总成了一份报告，题为“已知的旅行者：如何认识数字身份识别对旅行安全和顺畅的潜力”[16]。

没错，我们随身携带关于自己的鲜活的数据库，这包括我们的旅行记录、银行信息、酒店住宿、汽车租赁、大学及工作单位证件等。如果想要出境，我们会自愿给相关机构提供这类信息，为的是让其预先审查并尽快确认我们是无害的。面部识别及其他（理想情况下）生物相关特征的智能手机，可以在过境时证明我们已注册并已通过调查。如果我们尽力搜集和提供数字证据，我们就可以享受到比其他旅行者更好的待遇，诸如少排队或走简化的边检程序。该报告还称：“旅行者必须抓住机会告别被动角色，而进入一种与安全过程成为一体的主动伙伴关系。”然而，当对旅行者的意图产生怀疑时，边境官员根据所提供的信息，可以“提出深入的问题，以便更好地了解旅行者最近的活动”。

不难想象，不愿意提供数据的人总会等待得更久一些，直至其“自愿”提供信息，才被允许进入这个目的地国家。该报告称，当地也不一定要建立中央数据库，以避免黑客攻击和因数据保护规则而带来的麻烦。不，人们要对自己的数据负责，也要准备好以应对不时之需，这就是数据所有权。当然，实际上还有纵横交错的数据库，所有的数据在此汇总并被适时发送到边境。这些数据库也是美国国土安全部、警署和情报部门原则上都能访问的。报告人使用了复杂的现代术语，使普通读者及偶然看到该文的人不至于对其太关注。[17]

2018年，加拿大和荷兰边境局就对两国可控的边检过程进行了某些方面的试运行。如果测试顺利，下一步应该是在美国试行，美国边检员会先让旅行者进行自愿的、有奖励的自我监控，然后就会变成强制执行。对于包括维萨和谷歌在内的参与公司而言，这些公司是边境政府机构理想的"助产士"，它们需要推动对这类自愿强制自我监控系统设立苛刻的指标试验场。

这个系统一旦建立起来，数据"海怪"就可以轻易获得我们所有的数据，再烦琐的数据保护规章也阻止不了它们。所以，这涉及一个远远超出旅行这件事本身的庞大计划。一旦边境的自我监管工作程序确立，公民就要自愿将自己的数据"按照惯例"提供给企业和政府机构。这些数据涉及健康、教育、银行、人道主义援助和选举等。2020年起，这方面将有更加广泛的应用。世界经济论坛已经在制订技术可持续发展的具体计划。主要目的是将设备与使用它们的人可靠地联系起来。世界经济论坛的一份报告称，目标是"让用户拥有唯一和一致的身份，并将其所有活动变成可以检索的"。将所有的活动索引化！其目标就是，将我们整个生命过程的数据计算机化，供强权机构可以随时获得、调用。

有效反抗的途径

最粗暴的抵抗反现金的措施是让法律落到实处。抵抗直接地窃取数据，亦是如此。马克斯·施雷姆斯创建了一个名为

“这不关你的事”[18]的组织。该组织的任务是从司法角度保护我们的数据免受国际大公司的侵蚀。在这方面，施雷姆斯很有经验。作为一名法律专业的学生，正是他在2015年将欧盟与美国进行数据共享的《安全港协议》提交欧洲法院，然后就没有下文了。

监控方面还存在许多其他法律缺陷。借助新的欧盟数据保护条例，违反数据保护条例的大公司会被实施高额罚款。除此之外，上述的“这不关你的事”组织还计划对诸如德国个人信用记录组织Schufa的“存量数据的存储”进行起诉。[19]最终人们会问：在没有提供任何动机的情况下，那些信用评级机构有什么权力保留7 000万德国人的信用信息？私人信用信息的合法目标也可通过建立违约或资不抵债客户黑名单来实现。如果“这不关你的事”组织诉讼成功，那么可能会极大地限制欧唯特或安客诚这类公司贪婪的数据搜集。

有迹象显示，这种行动受到全面监控全球行动赞成者的认真对待。“这不关你的事”组织在奥地利成立后数月，2018年4月，当地由保守的人民党和右翼自由党组成的执政联盟就令人吃惊地火速通过了一项法案。根据该法案，非营利性组织在受相关公民委托维护数据隐私时不能要求肇事者赔偿。这意味着，“这不关你的事”组织无法从诉讼融资人那里获得资金。相关人提出索赔要求变成了个案，很少发生。[20]

除此之外，去现金的议题在德国和欧洲也很容易受到法院的交叉审核，尤其是针对直接的措施。当欧盟委员会在 2016 年初收到德国财政部部长朔伊布勒提交的不受欢迎的现金上限议案时，该委员会以认真对待为由推迟了审核任务。经过漫长的等待之后，它才于 2017 年 1 月底发表了一份报告。该报告以弗朗茨·贝肯鲍尔的口气给出了模棱两可的结论，即“先观望观望吧”。[21]

在现金上限这个问题上，欧盟如此举步不前可能是受制于欧盟条约，具体地说就是欧盟工作条例。根据该条例，欧元纸币是其货币联盟的法定货币。著名法兰克福货币法律专家赫尔穆特·西克曼指出：“按照上述工作条例第 128 项内容，限制欧元法定货币的使用与作为合法支付手段的特性不符。”[22] 依据主流的法律观点，一种法定支付手段必须被允许用以清偿货币债务，除非当事人另有在自愿基础上的协议。这具有极其深远的影响。首先，这意味着欧元法定货币作为合法支付工具的至高地位，涉及货币主权，是居高临下而非平等的地位。因为这是《欧洲联盟条约》，也即存在于所谓欧盟原初法律当中，它的任何改动也只能在这个层面上做出。但想要改变《欧洲联盟条约》是很难的，已经很久没有人想这么干了。因为这需要所有国家投赞成票，而且其中一些国家会因此而动用全民公决的方式。由于欧盟在公民中没有赢得较好的声誉，所以全民公决实际上也总是以失败告终。

许多国家已经引入了设定现金上限的做法，但这与欧洲法律解释相违背。当然，这还没有得到最高法院的裁决。作为条约监护人的欧盟委员会和作为欧元监护人的欧洲央行都在有意回避，并没有采取任何措施。对这些国家政府违犯欧洲法律视而不见，是一种做法。但要颁布在欧洲范围内适用却有悖于《欧洲联盟条约》的法规，就得启动正式的立法程序，那就是完全不同的事情了。“现金是德国和欧洲货币联盟中唯一的法定支付手段”，这是 2016 年 5 月在北莱茵－威斯特法伦州议会的一次听证会上德意志联邦银行简短但结论性的断语。这个简明扼要的声音继续回荡：“现金支付上限的引入可能会导致银行法定货币丧失其作为不受限的合法支付手段的特性。”[23]

欧盟委员会应该更清楚地告诉过德意志联邦银行，它看不到现金上限与欧盟法律和与此相应的德意志联邦银行法律存在相符合的地方。但该委员会也早已知道，其自 2010 年成立工作小组以来，目的是统一确定“法定支付手段”一词的确切含义。它将该工作组的结论作为具有法律约束力的结论：“如果存在付款义务，则作为法定货币的欧元纸币和硬币应包括以下内容：（a）强制接受：除非双方同意以其他付款方式，否则付款义务的接收方无权拒绝接受欧元纸币和硬币。”由此可见，国家政府不能通过法律禁止债权人按照欧盟法律的要求行事。除此之外，如果欧盟立法者想要限制接受义务，则必须改变《欧洲联盟条约》中的相应标准。[24]

在德国，法律状况与欧洲层面的一样有利。《德意志联邦银行法》第 14 条第 1 款规定，欧元现金是唯一不受限制的法定支付工具。因此，如果税务局、移民局或广播公司拒绝接受现金，这种行为依照法律文献的主流观点就是延迟接受，不能退回。鉴于宪法原则，若联邦法违犯州法律，州政府不能绕过联邦银行法律。联邦立法机构虽然可以改变或限制联邦银行法，但它又受到上述欧盟法律第 128 条的限制，不被允许这么做。

虽然联邦银行法对公共部门拒收现金违法有措辞明确的表述，然而，声名狼藉的地方行政法院至今总能为此找到托词。起诉它们相应的程序是通过最高联邦法院或级别更高的欧洲法院。如果我们取得成功，优于现金联盟和 G20 普惠金融合作伙伴关系的前进步伐就会放缓。这就意味着，现已存在的现金上限是非法的。现金的维护者进入防御性攻势，现金具有何种特殊地位已不言自明。如果最高法院做出裁决，我们也有权针对现金反对者不断绞尽脑汁拿出的许多小措施提起诉讼。

莱比锡现场报告：上联邦行政法院捍卫现金支付权

2015 年 2 月，我撤销了一项付款授权，即允许德国电视一台、二台及德国广播电台从我个人银行账户上直接扣取广播电视费的权限。很快，我就收到一个友好的请求，要求我汇出这笔款项。我回信说，我希望未来可以用不受限制的合法支付手段来支付这项费用，请告知钱应该汇往何处，以及拒绝接受的法律依据。但过了几个月，我没有听到任何消息。我猜想，我那封回信的收件人可能希望忘记我。

为了想方设法推他们一把，我在自己的博客上写了一篇关于如何以现金支付广播电视费的文章。因为该文引发了媒体的广泛关注，所以之后的事情很快发生了。[25]在经过驳回、抗诉和再次驳回之后，该案件于 2016 年 10 月上诉到法兰克福的联邦行政法院审理。该法院认为，人们不应给行政部门“批处理流程”设置不必要的收款障碍，并依据《德意志联邦银行法》第 14 条借助“概念还原解释法”判我败诉。这里的技术细节大致是这样的：如果明智的立法者预先知道会有诸如大众付款之类的事，他就会将法律条款做相应的修改，将接受现金排除在外，以免降低管理效率。[26]

我向位于卡塞尔的黑森州行政法院提起上诉，2018 年 2 月 13 日法院开庭审理。[27]那天是狂欢节，判决也像这样。该行政法院认为，为得出预期结论而采用“概念还原解释法”令人质疑，也没有必要。相反，法官的判词与另一起现金支付广播电视费案件中慕尼黑行政法院的观点类似。慕尼黑的法官严肃地声明:《德意志联邦银行法》第 14 条并非决定性的依据，因为它只涉及现金，然而，广播电视公司却正好不想收取现金。行政法院的推理如下：“在现金支付时，允许使用欧元现钞，并且债权人不能拒绝接收。这个事实完全可能从《德意志联邦银行法》第 14 条第 1 款的第二句解读出来。”但这并不表明，是否有另一种支付方式被约定为现金支付的手段。[28]

必须接受现金，但仅限现金付款。这不是开玩笑，事实就摆在面前。我们重温一下《德意志联邦银行法》第 14 条的措辞及 1956 年的官方声明，如非强词夺理，任何人都不会误解。法律申述如下："联邦银行的纸币和硬币是合法的支付手段。在强制接受硬币时会有一定数量上的限制，但联邦银行的纸币必须被接受而不受限额影响。"

聪明的行政法院法官应当把这句话补全，即如果人们根本不想接受现金，那么也不必接受。

然而，比卡塞尔的法官的机敏更重要的是，鉴于案件的社会影响重大，该行政法院允许莱比锡联邦行政法院介入该案的上诉。即使这根本不会改变判决的基调，因为这是舆论关注的话题。卡塞尔的法官看起来似乎与其在法兰克福的同事们一样，并不认为有必要，借助一份对德国广播电视公司和公共行政部门不利的判决产生轰动效应而出名。他们宁愿把这个棘手的案件留给后继法庭，毕竟能决定法官们职业生涯的人不是公民或广播电视费付费者。

在莱比锡上演的"剧情"与在法兰克福和卡塞尔的完全不同。下级行政法院可以全然无视联邦高等法院关于现金作为法定货币的决定，并且乐于这么做。最高联邦行政法院不能这么做，因为有一个约束性法律的存在，即《维护联邦最高法院判例统一法》。当某联邦最高法院想要偏离另一法院的判决时，它必须召集五个联邦最高法院组成联合判决委员会。它们是：联邦行政法院、联邦最高法院、联邦财税法院、联邦社会法院和联邦劳工法院。

特别有趣的是位于卡尔斯鲁厄市的联邦最高法院，这是处理民事案件的最高法院。该法院早在1953年就已经决定，金钱债务原则上可以用合法支付手段消除和偿还。[29]银行的转账货币只应是钱的替代物，具备一种清偿能力，这是民法中的定义。该法典在修正中一再保持了这一法律概念，从未撤销过。

位于卡塞尔的黑森州行政法院在阐述其观点时如下写道：德国广播收费服务公司不愿意接收现金依据的明显是“一种现代观点”，其出发点是“现金和账面资金原则上处于同等地位”。如果按照这个解释，联邦最高法院的观点就过时了。卡塞尔的行政法官们进一步给出自己的论证，从欧元账面货币作为不受限合法支付手段的地位，无法得出债权人的接收义务，这应该是“显而易见”的。

联邦最高法院却没有看到这种显而易见性。该法院依然坚持其基本观点，每一位债权人都必须无条件地接收欧元纸币，除非在自愿的基础上另有协议。在一起驳回顾客上诉航空公司的案件时，它没有像黑森州行政法院宣称的那样，即以不存在基本的接受义务为由。该法院肯定了基本的接受义务，驳回上诉的原因是，航空公司在合同签订之前明确表示不收现金。因此，法庭认为顾客默认了条款，否则他也可选择别的航空公司。[30] 因为国家具有至高管理权，它不应以默认或其他任何自愿达成的支付义务为依据，就像我不能向其他广播公司支付我应付的广播电视费一样。2015 年联邦法院就做出过如前所述的判决，民法典当然以此为出发点，即每一笔金钱债务都可以通过现金支付来完成。[31]

指望 2019 年之前在莱比锡开庭审理此案是不可能的。[32] 在我的博客 www.norberthaering.de 上有一份题为“德国广播电视费——现金诉讼”的案卷，从中人们可以按时间顺序跟踪该过程的发展并进行评论。除此之外，我的律师卡洛斯·A. 格鲍尔关于上诉理由的报告也可以在那里找到。

格鲍尔还为电视记者雷蒙德·布瑞查塔代理过一起针对税务局的类似案件。这是一个对一审法院不许上诉联邦最高财税法院的抗议。[33] 当事人布瑞查塔坚持用国家发行的现金支付税款，但国家却不想接收这笔现金。税法允许税务机关授权地方税务办事机构开通现金通道，即授权当地税务办事机构在收取现金时同时出具收据。布瑞查塔的税务局虽然这样做了，但也是在他提起诉讼之后。被授权的税务机构虽然拥有全权，但却没兴趣替税务局接收现金。当地财税法院裁定，这不是税务局的责任，纳税人只能自认倒霉。上级法院维持原判做出终审判决，并且不许上诉到最高财政法院，这一点与我的案件情况不同，这也正是提出抗议的原因。[34]

除此之外，还有一起由格鲍尔代理的案件原告已上诉到德国联邦宪法法院。[35] 这位原告想仿效我的案例向地方法院提起诉讼，针对的是德国广播收视服务公司拒绝他以现金支付服务费用。与法兰克福地方法院不同，罗伊特林根地方行政法院的法官不认为是广播电视台拒收，故而也无须接受这笔款。斯图加特高等行政法院不得不就此提出自己的立场，直击要害，即行政管理部门在进行“批处理流程”时不适用于德国联邦，因为这对行政管理来说是低效的。虽然法官们固执地拒绝对“批处理流程”一词给出准确的定义，但法院已意识到这种流程存在争议，这就足够了。[36]

对初级和中级法院创造性地曲解法律条文的行为，德国最高法院将如何裁定？这值得我们期待。

联合才是有效的

这场金融领域的全面监控运动或许会因为法院的介入而步调放缓，但不会停止。运动领袖及其推手们有太多的方法，使现金循环逐步受挫或间接摧毁它的基础。此外，鉴于硅谷巨头运作的数据搜集“游戏”，要对其进行名义上的打击，仅凭法院的力量是很难的。但法院程序至少有助于将舆论导向这个话题，尤其是当此起彼伏的案子取得成果时。而这在起步时是至关重要的。

要想遏制全面监控的进程，必须对其进行广泛宣传，让人们知道有这样的进程存在。接着，必须有足够多的公民和政治家明白，是谁在以何种方式系统地推进这个进程，其背后隐藏的动机又是什么，以及其如何巧立名目，等等。只有当人们真正认识到普惠金融的含义，认识到在金融领域的反洗钱和反恐融资通常只是各类去现金的借口时，才有机会制定对策。在此需要提及的是，要给德国联邦政府、德国中央银行、欧洲央行和欧盟委员会施加压力。目的在于让它们面对舆论时收回在G20普惠金融合作关系框架内去现金的模糊承诺，不再参与这个为相关企业牟利、丑闻不断的反现金联盟。我们的信任换来的只是这些企业的谎言，它们与现金本无仇怨。

德国中央银行和银行监管机构必须为自己辩护，在跨国框架下与优于现金联盟围坐谈判桌前，对反现金规则进行逐条梳理。只有每位中央银行董事会成员借助他们的影响力尽力为现金辩护，进行调查和质疑，阻止去现金车轮的运转，才能把握现金命运的方向盘，并在不知不觉间从设定系统中逃出。联邦政府必须追责，是谁代表联邦政府参加了旨在增加现金使用难度的标准的制定。如果议员们从跨国影子力量的监管机构那里收到新的反现金标准，以骗取议会的放行，就必须保持警觉，看清楚自己要做的决定是什么。如果你依然选择赞同，就应该证明自己的观点。我们的发展援助部部长也应证明自己有理由，在下属的国际合作机构设立比尔·盖茨的普惠金融联盟秘书处，并成为世界银行扶贫协商小组反现金小组的成员。除此之外，这样的质疑也适用于国有援助发展的德国复兴信贷银行。

只有当我们、其他公民和人民的代表，广义理解了应该如何应对数据所有权这个现实中的特洛伊木马时，才有机会不像服下镇静剂的绵羊一样被人持续拖入全面监控的泥沼中。

对全面监控的抵制不是左派对右派的问题，而是民主对财阀专治、人民统治对富人统治的问题。所有政治派别和政党的追随者应达成一致，人们期待过上一种自由生活，即便存在一定程度上不可避免的风险和无序，也一定会好于美国政府和硅谷富豪们为我们量身打造好的美丽新世界。因此，如果所有反对这种极权主义恐怖愿景的人彼此因意识形态不同而分裂，那么这将是世界上最愚蠢的事情。

国际主义者和国家民族主义支持者之间的裂痕也是如此。理想的国际主义者和国家民族主义支持者至少应该找到一个共同的出发点，即都不希望自己国家的事由别人做主。面对具体国际化进程中去现金运动和全球监控的威胁，或许可以找到结合点。如果对其负面影响具有共识，就可以联合抵制。如果有人主张或至少不反对政治决策的国际化原则，而这恰恰意味着世界经济论坛、优于现金联盟、国际货币基金组织或美国政府会决定我们应该如何生活，那么你就让自己变成了剥夺我们自由的行动中有用的白痴。

规模庞大的反现金联盟不断促使我们相信，现金在一个必将更加数字化的世界中将不可避免地走到尽头。只有我们相信，它才会奏效。面对命运的选择而踌躇不决会让我们失去强烈反抗的动机。只要我们偏听偏信这种片面的宣传，无法认清现金不是自己萎缩而是被有系统、有目的地围剿的现实，那我们就走上了失败者之路。相反，如果我们意识到这是一场骗局，那么优于现金联盟和G20的普惠金融伙伴组织就会在这场货币战中败下阵来，因为现金反对者在公开和透明的较量中并没有什么好牌可出。

现金并不是时代的弃儿。现金是一种特别能抵御危机，简单且便宜的支付手段。它几千年来一直很好地为人类服务，并且还将继续服务下去。其反对者有关现金成本劣势的论据值得怀疑，但我们也绝不能对此置之不理。鉴于现金的长期存在所带来的个人和社会效益，即使产生支付额0.5%～1%的附加成本，也可以忽略不计。没有证据表明，去现金化可以大幅度减少犯罪。但却可以证明，那些为金融体系想出反现金规则的标准制定者和优于现金联盟早已经编织好了利益网络。对他们来说，反现金规则与打击犯罪关系较少，更多的是与排挤现金有关。

既然去现金的主要论点已被揭开面纱，那我们也就不需要再被动防守，任由他们信口雌黄说我们会失败，妄想现金也会随着时间的流逝而消失。我们的生活被监控、被数字化和被存储的领域越多，有关我们特征的数据就越详细，现金的价值也就越被凸显出来。如果我们坚持使用现金的自由并继续使用现金，我们将为自己赢得一个宝贵的非数字化空间，这只会对那些财力雄厚且颇具政治影响力的大公司不利。这些公司对进一步数字化的期望很高，全球化有助于它们进一步扩大其垄断优势和经济利益。如果能让某些领域从硅谷垄断者的魔掌中逃脱，这对普通人没有任何明显的弊端，对我们的中小企业也无碍。如果这种全球化再继续，那么越来越多的企业业务会因其全球竞争劣势而消失，最终只剩下一个亚马逊这样的供应商。

德国总理默克尔和法国总统马克龙都成了美国 IT 公司强大的盟友。在 2018 年 5 月德国的联邦议院一般性辩论会上，默克尔强调了数据作为经济要素的重要性，并警告说："在人工智能方面，我们未能领先。"如果我们同时致力于有效的数据保护，就不可能期望站在人工智能的前列。这就好像在说，德国要在人工智能方面取得进展，就不得不将德国的数据拱手让给美国的准垄断企业。默克尔宣布了一项德法人工智能合作计划。[37] 对此，马克龙也在同一天做出明确回应。他还邀请技术尖端人才参加了在巴黎举办的科技向善峰会。脸书、微软、英特尔、IBM、优步、维基媒体和 Mozilla 浏览器等公司均在受邀之列。为了掩盖其向硅谷出卖欧洲的真面目，德国 SAP（思爱普）和 Thales（泰雷兹）公司也被允许在小桌旁就座。虽然 Thales 是一家军备和航天公司，而非 IT 公司，因为法国没有此等世界级别的公司可以提供。马克龙宣布，他将与扎克伯格直接进行对话。[38]

在这些政治领导人的心目中，数据保护是没有地位的，现金也是没有地位的。但是，如果从公民的利益出发，为什么不应在 50 年之后让现金结算占到总交易量的一半？这难道不比一个无存储和监视的社会更具吸引力吗？在这样的社会中，不再有被储存和各种监视。要做到这一点，只需终结众多大大小小针对现金的直接或间接的措施，这将迫使中央银行确保向银行提供良好的、低成本的现金，这样，现金支付的复兴就会自行发生。

致 谢

首先要感谢我的博客粉丝，从他们那里我获得了许多写作的灵感与启发。通过令人鼓舞和有价值的电子邮件，他们一再非常明确地提醒我，为捍卫自由而进行的这场斗争是值得的。我的妻子在我耗费精力的写作期间给予了我许多宝贵的精神支持。如果没有黑尔格·波伊克特、亚斯米妮·奥斯曼和我亲爱的儿子对本书初稿的明智建议，本书不会如现在这般准确、清晰可读和层次分明。德克·米勒用令人信服的理由改变了我对中国的天真预测，即将其在地缘政治竞争中的现有成就直接投射于对未来的预测。全景监狱图景的提法源自布雷特·斯科特。

我有幸获得龙尼·米勒和汉娜·莱特格布的鼎力支持，通过柏林烟雾标志找到了对本书内容极为认可的出版社。除此之外，负责校园非虚构类图书编辑的瓦尔特奥德·贝尔茨还为我提供了质疑、激励和建设性建议等全面帮助。扎比内·罗克以臻于完美的打印方式对书稿进行了专业编辑，使其更加可读和便于理解。

德国自民党议员弗兰克·舍夫纳和他领导的普罗米修斯－自由研究所对我的诉讼给予了支持，使我对广播电视台拒绝现金支付的起诉得以坚持下来，直到联邦行政法院环节，并在必要时给予进一步的支持。我的律师卡洛斯·A.格鲍尔比许多经济学者更好地深入我们货币体系的运作中，并以极大的个人热情积极参与了这场法律抗争。对上述所有人致以我最衷心的感谢。

参考文献

Ahasan, Najmul, Philip O'Keefe, Gora Datta, Carlo del Ninno: *Concept Note of a Smart Card based Public Distribution System*. World Bank and CAL-2CAL Corporation. 2008.

Adams, Jane: »*The War on Cash*«. *European Card Review*. März/April 2006. S. 12–18.

Alliance for Financial Inclusion: *Enabling mobile money transfer. The Central Bank of Kenya's treatment of M-Pesa*. 2010.

Alliance for Financial Inclusion, Global Partnership for Financial Inclusion: *G20 Principles for Innovative Financial Inclusion*. Ohne Jahr (etwa 2011).

Banerjee, Abhijit, Esther Duflo, Rachel Glennerster, Cynthia Kinnan: »The Miracle of Microfinance? Evidence from a Randomized Evaluation«. *American Economic Journal: Applied Economics*. Vol. 7. Nr. 1. 2015. S. 22–53.

Bateman, Milford, Ha-Joon Chang: »Microfinance and the Illusion of Development: From Hubris To Nemesis in Thirty Years«. *World Economic Review*. Nr. 1. 2012. S. 13–36.

Bateman, Milford, Kate Maclean (Hrsg.): *Seduced and Betrayed: Exposing the Contemporary Microfinance Phenomenon*. University of New Mexico Press. 2017.

BCG, Google: *Digital Payments 2020. The Making of a $ 500 Billion Ecosystem in India*. Juli 2016.

Bédécarrats, Florent, Isabelle Guérin, François Roubaud: »All that Glitters is not Gold. The Political Economy of Randomized Evaluations in Development«. *Development and Change* (online). DOI: 10.1111/dech.12378. 7.12.2017.

Berg, Tobias, Valentin Burg, Ana Mongovic, Manju Puri: *On the Rise of FinTechs: Credit Scoring Using Digital Footprints*. NBER Working Paper 24551. April 2018.

Better Than Cash Alliance: *Social Networks, E-Commerce Platforms and the Growth of Digital Payment Ecosystems in China – What It Means for Other Countries*. April 2017.

Better Than Cash Alliance: *Building Inclusive Digital Payments Ecosystems: Guidance Note for Governments. A report by the Better Than Cash Alliance for the G20 Global Partnership for Financial Inclusion.* Mai 2017.

Bill&Melinda Gates Foundation: *Fighting Poverty, Profitably: Transforming the Economics of Payments to Build Sustainable, Inclusive Financial Systems.* 2013.

BFA: *Inclusive Digital Ecosystems of the Future.* Dezember 2017.

Borio, Claudio, Gianni Toniolo: »One hundred and thirty years of central bank cooperation: a BIS perspective.« In: Claudio Borio, Gianni Toniolo, Piet Clement (Hrsg.): *The Past and Future of Central Bank Cooperation.* Cambridge University Press. 2011. S. 16–75.

Brzezinski, Zbigniew: *Between Two Ages: America's Role in the Technotronic Era.* Viking Press. 1970.

Brzezinski, Zbigniew: *The Grand Chessboard: American Primacy and Its Geostrategic Imperatives.* Basic Books. 1998.

Buiter, Willem: *Negative Nominal Interest Rates: Three Ways to Overcome the Zero Lower Bound.* NBER Working Paper 15118. Juni 2009.

Committee on Payments and Market Infrastructures: *Fast payments – Enhancing the speed and availability of retail payments.* Basel. November 2016.

Committee on Payments and Market Infrastructures, World Bank Group: *Payment aspects of financial inclusion. Final Report.* Basel. April 2016.

Diedrich, Henning: *Ethereum: Blockchains, Digital Assets, Smart Contracts, Decentralized Autonomous Organizations.* CreateSpace Independent Publishing Platform. 2016.

Duvendack, Maren, et al.: *What is the evidence of the impact of microfinance on the well-being of poor people?* Institute of Education, University of London. 2011.

Dick, Philip K.: *Ubik.* Suhrkamp. 1977.

Ericksen, Julia, Eugene Ericksen, Scott Graham: *Over-indebtedness in Mexico: Giving Borrowers a Voice.* Finca. Ohne Jahr (etwa 2014).

EU Commission: *Final Communication from the Commission to the European Parliament and the Council on an Action Plan for strengthening the fight against terrorist financing.* Straßburg. 2.2.2016.

EU-Kommission: »Empfehlung der Kommission vom 22. März 2010 über den Geltungsbereich und die Auswirkungen des Status der Euro-Banknoten und -Münzen als gesetzliches Zahlungsmittel«. *Amtsblatt L 83/70* vom 30.3.2010.

EU-Kommission: *Vorschlag für eine Verordnung über die Überwachung von*

Barmitteln, die in die Union oder aus der Union verbracht werden, und zur Aufhebung der Verordnung (EG) Nr. 1889/2005. Brüssel. 21.12.2016.

European Commission: *Inception Impact Assessment – Proposal for an EU initiative on restrictions on payments in cash.* Brüssel. 2.2.2017.

FATF: *Guidance for a Risk-based Approach to Virtual Currencies.* Juni 2015.

FATF: *Annual Report 2015–16.* Paris. 2017.

Financial Inclusion Experts Group: *G20 Financial Inclusion Action Plan.* Ohne Jahr.

Financial Stability Board: *Stocktake of remittance service providers' access to banking services.* Basel. 16.3.2018.

G20 Financial Inclusion Experts Group: *Report on Innovative Financial Inclusion from the Access through Innovation Sub-Group.* Washington. 25.5.2010.

Gibson, Alan: *FSD Kenya: Ten Years of a Market Systems Approach in the Kenyan Finance Market.* FSD Kenya. August 2016.

Global Partnership for Financial Inclusion: *Standard Setting and Financial Inclusion for the Poor – Toward Proportionate Standards and Guidance.* White Paper. 2011.

Global Partnership for Financial Inclusion: *Global Standard-Setting Bodies and Financial Inclusion: The Evolving Landscape.* März 2016.

Glunk, Fritz: *Schattenmächte: Wie transnationale Netzwerke die Regeln unserer Welt bestimmen.* dtv. 2017.

Guérin, Isabelle, u.a.: »Understanding Social Networks and Social Protection: Insights on Demonetisation from Rural Tamil Nadu«. *Review of Rural Affairs* (online). Vol. 52. Nr. 52. 30.12.2017.

Häring, Norbert: *Die Abschaffung des Bargelds und die Folgen: Der Weg in die totale Kontrolle.* Quadriga. 2016.

Harrell, Peter, Elizabeth Rosenberg: *The Next Generation of Sanctions. A Strategy of Coercive Economic Policy for the Next President.* Center for a New American Security. Washington. 2016.

HM Government: *Governance for Growth. Building Consensus for the Future. A Report for the 2011 G20 Summit in Cannes.* 2011.

Huxley, Aldous: *Schöne neue Welt.* Fischer Taschenbuch. 1981

International Initiative for Impact Evaluation: *Building on What Works: Annual Report.* 2009.

Jack, William, Tavneet Suri: »Risk Sharing and Transaction Costs: Evidence from Kenya's Mobile Money Revolution«. *American Economic Review.* Vol. 204. Nr. 1. 2013. S. 183–223.

Khan, Lina: »Amazon's Antitrust Paradox«. *Yale Law Journal* (online). Vol. 116. 2017. S. 710–805.

Khera, Reetika: »The UID Project and Welfare Schemes«. *Economic and Political Weekly* (online). Vol. 46. Nr. 9. 2011. S. 38–43.

Kireyev, Alexei: *The Macroeconomics of De-Cashing*. IMF Working Paper 17/71. 2017.

Kondakhchyan, Anna: »To use or not to use biometrics? Help us answer the question«. *Oxfam Views & Voices* (online). 14.11.2018.

Krüger, Malte, Franz Seitz: *Der Nutzen von Bargeld: Kosten und Nutzen des Bargelds und unbarer Zahlungsinstrumente (Modul 2)*. Fritz Knapp Verlag. 2017.

Lang, Valentin, Andrea Presbitero: »Room for discretion? Biased decision-making in international financial institutions«. *Journal of Development Economics*. Vol. 130. 2018. S. 1–16.

Libicki, Martin: *Conquest in Cyberspace: National Security and Information Warfare*. Cambridge University Press. 2007.

Lindskov Jacobsen, Katja: »On Humanitarian Refugee Biometrics and New Forms of Intervention«. *Journal of Intervention and Statebuilding* (online). Vol. 11. 2017. S. 529–551

London School of Economics and Political Science: *The Identity Project: an assessment of the UK Identity Cards Bill and its implications*. Juni 2005.

Lyman, Timothy, Wameek Noor: *AML/CFT and Financial Inclusion: New Opportunities Emerge from Recent FATF Action*. CGAP Focus Note Nr. 98. September 2014.

Magnuson, Stew: »Defense Department Under Pressure to Share Biometric Data«. *National Defense* Magazine (online). 1.1.2009.

Mazzucato, Mariana: *The Entrepreneurial State: Debunking Public vs. Private Sector Myths*. Anthem. 2013.

McKinsey & Company: *McKinsey on Payments*. New York. März 2013.

McKinsey & Company: *Digital Finance for All: Powering Inclusive Growth in Emerging Economies*. New York. September 2016.

McKinsey & Company: *How digital finance could boost growth in emerging economies*. New York. September 2016.

Möbert, Jochen: *Bitcoin: Meinungen, Mythen und Missverständnisse*. Deutsche Bank. Frankfurt a.M. 29.1.2018.

Morgan Stanley: *India's Digital Leap – The Multi-Trillion Dollar Opportunity*. 26.9.2017.

Mukhopadhyay, Piali, Karthik Muralidharan, Paul Niehaus, Sandip Sukhtankar: *AP Smartcard Impact Evaluation Project*. Policy Report. Mai 2013.

Müller, Dirk: *Machtbeben: Die Welt vor der größten Wirtschaftskrise aller Zeiten. Hintergründe, Risiken, Chancen*. Heyne. 2018.

National Economic Council: *A Framwork for FinTech*. Washington. Januar 2017.

Ndung'u, Njuguna: »Harnessing Africa's digital potential. New tools for a new age«. In: Africa Growth Initiative at Brookings (Hrsg.): *Foresight Africa: Top Priorities for the Continent in 2018*. Januar 2018. S. 82–100.

Partnership for Finance in a Digital Africa: *Can Big Data Shape Financial Services in East Africa?* Caribou Digital Publishing. 2018.

Pasquale, Frank: »From Territorial to Functional Sovereignty: The Case of Amazon«. *Law and Political Economy* (online). 6.12.2017.

Pickens, Mark, David Porteous, Sarah Rotman: *Banking the Poor via G2P Payments*. CGAP, DFID Focus Note Nr. 58. Dezember 2009.

Positive Finance: *The future of cash: Protecting access to payments in the digital age*. März 2018.

Pohlmann, Christoph, Stephan Reichert, Hubert René Schillinger (Hrsg.): *G20: A Global Economic Government in the Making*. Friedrich-Ebert-Stiftung. Juni 2010.

Rat der Europäischen Union: *Vermerk des Vorsitzes für die Gruppe »Allgemeine Angelegenheiten einschließlich Bewertungen« Betr.: Abschlussbericht über die fünfte Runde der gegenseitigen Begutachtung – »Finanzkriminalität und Finanzermittlungen«*. Brüssel. 3.10.2012.

Rockefeller, David: *Erinnerungen eines Weltbankiers*. FinanzBuch Verlag. 2008.

Rogoff, Ken: »Blessing or Curse? Foreign and Underground Demand for Euro Notes«. *Economic Policy*. Vol. 13. Nr. 26. April 1998.

Rogoff, Ken: *Costs and benefits to phasing out paper currency*. Working Paper. 2014.

Rogoff, Ken: *Der Fluch des Geldes: Warum unser Bargeld verschwinden wird*. FinanzBuch Verlag. 2016.

Rosenberg, Elizabeth, Zachary Goldman, Daniel Drezner, Julia Solomon-Strauss: *The New Tools of Economic Warfare: Effects and Effectiveness of Contemporary U.S. Financial Sanctions*. Washington. 15.4. 2016.

Sands, Peter: *Making it Harder for the Bad Guys: The Case for Eliminating High Denomination Notes*. Harvard University Working Paper. Februar 2016.

Sands, Peter, Haylea Campbell, Tom Keatinge, Ben Weisman: *Limiting the Use of Cash for Big Purchases: Assessing the Case for Uniform Cash Thresholds*. RUSI-Occasional Paper. September 2017.

Schaar, Peter: *Kurzgutachten zum Vorschlag der Kommission für die Überarbeitung der 4. EU-Geldwäscherichtlinie aus datenschutzrechtlicher Sicht*. Prepaid-Verband. September 2016.

Scholten, Bram: *Decline management: the case of cash: Policy response in the Netherlands and the Nordic countries.* Vortrag auf der International Cash Conference der Deutschen Bundesbank in Mainau. 25.–27. April 2017.

Schwittay, Anke: *New Media and International Development: Representation and Affect in Microfinance.* Routledge. 2014.

Siekmann, Helmut: »Restricting the Use of Cash in the European Monetary Union: Legal Aspects«. In: Frank Rövekamp, Moritz Bälz, Hans Günther Hilpert (Hrsg.): *Cash in East Asia.* Springer. 2017. S. 153–178.

Slaughter, Anne-Marie: *The Chessboard and the Web: Strategies of Connection in a Networked World.* Yale University Press. 2017.

Suri, Tavneet, William Jack, Thomas Stoker: »Documenting the birth of a financial economy«. *PNAS* (online). 26.6.2012.

The Engine Room, Oxfam: *Biometrics in the Humanitarian Sector.* März 2018.

Toyama, Kentaro: *Geek Heresy: Rescuing Social Change from the Cult of Technology.* Public Affairs. 2015.

Tsingou, Eleni: »Power elites and club-model of governance in global finance«. *International Political Sociology.* Vol. 8. Nr. 3. 2014. S. 340–342.

USAID: *Beyond Cash: Why India Loves Cash and Why That Matters for Financial Inclusion.* Januar 2016.

USAID: *Mission Critical: Enabling Digital Payments for Development: A guide for USAID and other government employees to engage with policy.* Washington. 2017.

Vries, Alex de: »Bitcoin's Growing Energy Problem«. *Joule* (online). Vol. 2. Nr. 5. S. 801–805. 16. 5.2018.

Weiss, Linda: *America Inc.?: Innovation and Enterprise in the National Security State.* Cornell University Press. 2014.

Werner, Richard: *Princes of the Yen: Japan's Central Bankers and the Transformation of the Economy.* Routledge. 2003.

World Bank: *Withdrawal from Correspondent Banking; Where, Why, and What to Do About It.* Washington. November 2015.

World Bank, Better Than Cash Alliance, Bill&Melinda Gates Foundation: *The Opportunities of Digitizing Payments. How digitization of payments, transfers, and remittances contributes to the G20 goals of broad-based economic growth, financial inclusion, and women's economic empowerment.* 28.8.2014.

World Economic Forum: *From the Global Digital Divide to the Global Digital Opportunity: Proposals Submitted to the G8 Kyushu-Okinawa Summit 2000.* Tokio. 19.7.2000.

World Economic Forum: *A Blueprint for Digital Identity: The Role of Financial Institutions in Building Digital Identity*. August 2016.

World Economic Forum: *The Known Traveller: Unlocking the potential of digital identity for secure and seamless travel*. Januar 2018.

Wyche, Susan, Nightingale Simiyu, Martha Othieno: »Mobile Phones as Amplifiers of Social Inequality among Rural Kenyan Women«. *ACM Trans. Comput.-Hum. Interact* (online). Vol. 23. Nr. 3. Artikel 14. Mai 2016. DOI: http://dx.doi.org/10.1145/2911982.

Yam, Joseph: »Capital Flows, Hedge Funds and Market Failure: A Hong Kong Perspective«. In: David Gruen, Luke Gower (Hrsg.): *Capital Flows and the International Financial System*. McMillan. 1999. S. 164–179.

Yi, Huang, Ugo Panizza, Richard Portes: *Corporate Foreign Bond Issuance and Interfirm Loans in China*. NBER Working Paper 24513. April 2018.

注　释

绪　论

1. 德文版，例如在：Aldous Huxley: *Schöne neue Welt*. Fischer Taschenbuch. 1981.

第一章　万事达卡、比尔·盖茨及其“反现金战争”

1. Jane Adams: »The War on Cash«. *European Card Review.* March/April, 2006.3-4. S. 12–18.
2. »We agree with the war on cash.«
3. Alexander Labak: »The Future Beyond Cash–Europe’s Debit Alternative«. Speech to Delegates of the Fourth Annual MasterCard Debit Conference. Genf. 10.3.2005.
4. Alexei Kireyev: *The Macroeconomics of De-Cashing*. IMF Working Paper 17/71. 2017.
5. McKinsey&Company: *McKinsey on Payments*. New York. March 2013.
6. MasterCard: »MasterCard Joins Better Than Cash Alliance.« Pressemitteilung. Ohne Datum (etwa 2013).
7. uncdf.org/history.
8. 参见，例如：*UN report: Social network payments now reach nearly US $ 3 trillion in China.* Mitteilung, gepostet auf https://www.betterthancash.org on 19.4.2017。

9. 在使用“NGO”（非政府组织）概念时我都是加引号的，因为这些组织的资金要么主要来自国家，要么经常是政府的相关机构为其挑选合作伙伴或本身就是跨国公司的说客。

10. MasterCard: »MasterCard Joins Better Than Cash Alliance«. 媒体报道，日期不详（约 2013 年）。

11. Carl Gutierrez: »MasterCard Goes To War With Cash«. Forbes (online). 15.9.2010.

12. www.betterthancash.org/why-digital-payments

13. 引自：Vikas Bajaj, Andrew Martin: »Who Needs Cash (or Borders)?«.*New York Times*.16.10.2010。

14. McKinsey Global Institute: *How Digital Finance Could Boost Growth in Emerging Economies*. New York. 2016.

15. »Merkel: Daten sind der Rohstoff des 21. Jahrhunderts«. Frankfurter Allgemeine Zeitung (online). 12.3.2015.

16. »Airline Seat Optimization for Passenger Shoulder-Width and Size«. Justia Patents (online). 5.5. 2015.

17. https://www.bloomberg.com/news/videos/2015-12-01/PayPal-ceo-financial-inclusion-a-huge-opportunity

18. https://www.omidyar.com/our-work/digital-identity.

19. Tilmann Wittenhorst: »Bundesbehörden zahlen eine Viertelmilliarde Euro Lizenzgebühren an Microsoft«. Heise (online). 14.4.2018.

20. Elisabeth Ryne: »A US-Agenda for Global Financial Inclusion«. Devex (online). 1.3.2017.

21. http://www.yorkcast.com/treasury/events/2015/12/01/financial/. Ab Minute 235.

22. White House: *Executive Order – Establishing the President's Global Development Council*. 媒体报道，9.2.2012。

23. USAID: *Mission Critical: Enabling Digital Payments for Development: A guide for USAID and other government employees to engage with policy*. Washington. 2017.

24. Elizabeth Rosenberg, Zachary Goldman, Daniel Drezner, Julia Solomon-Strauss: *The New Tools of Economic Warfare: Effects and Effectiveness of Contemporary U.S. Financial Sanctions*. Washington. 15.4. 2016.
25. Anja Ettel, Holger Zschäpitz: »Deutsche Bank droht US-Regierung mit Systemkollaps«. Welt (online). 4.10.2016.
26. Scott Shane, Daisuke Wakabayashi: »The Business of War: Google Employees Protest Work for the Pentagon«. *New York Times* (online). 4.4.2018.
27. Better Than Cash Alliance: *Gap Inc. Sets New Goal For Apparel Suppliers To Pay Garment Workers Digitally By 2020*. Pressemitteilung. 14.3.2018.
28. World Economic Forum: *From the Global Digital Divide to the Global Digital Opportunity: Proposals Submitted to the G8 Kyushu-Okinawa Summit 2000*. Tokio. 19.7.2000.
29. https://www.usaid.gov/gda/why-partner
30. Landon Thomas Jr.: »The World Bank Is Remaking Itself as a Creature of Wall Street«. *New York Times* (online). 25.1.2018.
31. Anke Schwittay: *New Media and International Development: Representation and Affect in Microfinance*. Routledge. 2014.
32. Zbigniew Brzezinski: The Grand Chessboard: American Primacy and Its Geostrategic Imperatives. Basic Books. 1998.
33. 参见此文献的综述：Valentin Lang, Andrea Presbitero: »Room for discretion? Biased decision-making in international financial institutions«. *Journal of Development Economics*. Vol. 130. 2018. S. 1–16。
34. 他是作者之一：Better Than Cash Alliance: *Building Inclusive Digital Payments Ecosystems: Guidance Note for Governments. A report by the Better Than Cash Alliance for the G20 Global Partnership for Financial Inclusion*. Mai 2017。
35. Norbert Häring: »Modi, Yunus and the financial inclusion mafia«. *norberthaering.de*. 26.3.2017.
36. Muhammad Yunus: »Remarks from Dr. Muhammad Yunus's acceptance speech

given on the occasion of his receiving the Help for Self-help Prize of the Stromme Foundation. September 26, 1997 in Oslo«. Abgedruckt in: *Newsletter of the Microcredit Summit Campaign.* Vol. 1. Nr. 2. November/December 1997.

37. Milford Bateman, Kate Maclean (Hrsg.): Seduced and Betrayed: *Exposing the Contemporary Microfinance Phenomenon.* University of New Mexico Press. 2017.
38. Milford Bateman, Ha-Joon Chang: »Microfinance and the Illusion of Development: From Hubris To Nemesis in Thirty Years«. *World Economic Review.* No 1. 2012. S. 13–36.
39. Jens Weidmann: Digital Finance – *Chancen nutzen, ohne Risiken zu vernachlässigen.* Begrüßungsansprache zur G20-Konferenz »Digitising finance, financial inclusion and financial literacy«. Wiesbaden. 25.01.2017.
40. Julia Ericksen, Eugene Ericksen, Scott Graham: *Over-indebtedness in Mexico: Giving Borrowers a Voice.* Finca. Ohne Jahr (etwa 2014).
41. 同上。
42. »Te Creemos Holding Announces Acquisition of FINCA Mexico«. *Amexcap* (online). 15.11.2016.
43. Neil MacFarquhar: »Conflict of Interest«. *Sunday Morning Herald* (online). 16.4.2010.
44. 在视频中查看第13分钟：www.yorkcast.com/treasury/events/2015/12/01/financial/。
45. G20 Financial Inclusion Experts Group: *Report on Innovative Financial Inclusion from the Access through Innovation Sub-Group.* Washington.25.5.2010.
46. World Bank, Better Than Cash Alliance, Bill&Melinda Gates Foundation: *The Opportunities of Digitizing Payments – How digitization of payments, transfers, and remittances contributes to the G20 goals of broad-based economic growth, financial inclusion, and women's economic empowerment.* 28.8.2014.
47. Alliance for Financial Inclusion, Global Partnership for Financial Inclusion: *G20 Principles for Innovative Financial Inclusion.* 年份不详（约 2011 年）。

48. Andriotis, AnnaMaria: »Visa Takes the War on Cash to Restaurants«. Dow Jones Newswires. 12.7.2017.

49. Global Partnership for Financial Inclusion: *Global Standard-Setting Bodies and Financial Inclusion: The Evolving Landscape.* March 2016.

50. 参考视频：http://www.yorkcast.com/treasury/events/2015/12/01/financial/. Máxima 从第 31 分钟起，Masiyiwa 从第 52 分钟起。

51. Norbert Häring: »Wundermittel finanzielle Inklusion«. Handelsblatt.15.5.2017.

52. http://www.worldbank.org/en/topic/financialinclusion/overview.

53. World Bank, Better Than Cash Alliance, Bill&Melinda Gates Foundation: *The Opportunities of Digitizing Payments – How digitization of payments, transfers, and remittances contributes to the G20 goals of broad-based economic growth, financial inclusion, and women's economic empowerment.* 28.8.2014.

54. Mark Pickens, David Porteous, Sarah Rotman: *Banking the Poor via G2P Payments*. CGAP, DFID Focus Note Nr. 58. December 2009.

55. *McKinsey&Company: Digital Finance for All: Powering Inclusive Growth in Emerging Economies.* New York. September 2016.

56. McKinsey&Company: *How digital finance could boost growth in emerging economies.* New York. September 2016.

57. Maren Duvendack et al.: *What is the evidence of the impact of microfinance on the well-being of poor people?* Institute of Education, University of London. 2011.

58. Milford Bateman, Kate Maclean (Hrsg.): *Seduced and Betrayed: Exposing the Contemporary Microfinance Phenomenon.* University of New Mexico Press. 2017.

59. Mark Pickens, David Porteous, Sarah Rotman: *Banking the Poor via G2P Payments*. CGAP, DFID Focus Note Nr. 58. December 2009.

60. William Jack, Tavneet Suri: »Risk Sharing and Transaction Costs: Evidence from Kenya's Mobile Money Revolution«. *American Economic Review,* Vol.204. No. 1. P. 183–223.

61. https://news.uci.edu/2011/10/27/imtfi-awarded-4-17-million-gates-foundation-

grant/

62. https://wagner.nyu.edu/impact/centers/fai#
63. https://www.cgdev.org/section/funding
64. http://fletcher.tufts.edu/IBGC/About/Sponsors
65. http://cega.berkeley.edu/our-work/Agriculture/
66. http://www.poverty-action.org/news/call-expressions-interest-ipa-financial-inclusion-program
67. Bill&Melinda Gates Foundation: *Brookings Launches Africa Growth Initiative.* 媒体报道，日期不详。
68. 例如：Njuguna Ndung'u: »Harnessing Africa's digital potential。New tools for a new age«. In: Africa Growth Initiative at Brookings (Hrsg.): *Foresight Africa: Top Priorities for the Continent in 2018.* January 2018. P. 82–100.
69. International Initiative for Impact Evaluation: *Building on What Works: Annual Report. 2009.*
70. www.cenfri.org.
71. Jonathan Morduch: »Microfinance as a Credit Card«. Limn (online). January 2018.
72. Asian Development Bank: *How financial inclusion reduces poverty, income inequality*. 媒体报道 . 3.4.2018。
73. Abhijit Banerjee, Esther Duflo, Rachel Glennerster, Cynthia Kinnan: »The Miracle of Microfinance? Evidence from a Randomized Evaluation«. *American Economic Journal:* Applied Economics. Vol.7. No. 1. 2015. P. 22–53.
74. https://www.g20.org/Content/DE/_Anlagen/G7_G20/2016-g20-praesidentschaftspapier-en.pdf?__blob=publicationFile&v=2.
75. Norbert Häring: »Wundermittel finanzielle Inklusion«. *Handelsblatt.* 15.5.2017.
76. World Bank: *Zambia Launches its First National Financial Inclusion Strategy:* 媒体报道 . 11.8.2017。
77. 当时的名称还是技术合作公司 (GTZ)。
78. www.afi-global.org/alfred-hannig-afi-executive-director.

79. *The CBJ, Gates Foundation launch empowerment initiative*. Mitteilung der jordanischen Regierung auf http://www.petra.gov. Amman. 28.2.2018.

80. Daniel Sabiiti: »Central Bank Urges Rwandans To Go Cashless«. Ktpress (online). 25.11.2017.

81. MasterCard: *MasterCard*® Government Services&Solutions Case Study Nigeria National ID Card (NID). 2013.

82. MasterCard: *Huduma Card Delivers Cashless Efficiency, Powered by MasterCard Technology.* 媒体报道，内罗毕，7.2.2017。

83. Mark Pickens, David Porteous, Sarah Rotman: *Banking the Poor via G2P Payments*. CGAP, DFID Focus Note Nr. 58. December 2009.

84. Alliance for Financial Inclusion: *Enabling mobile money transfer: The Central Bank of Kenya's treatment of M-Pesa*. 2010.

85. Bill&Melinda Gates Foundation: Fighting Poverty, Profitably: Transforming the Economics of Payments to Build Sustainable, Inclusive Financial Systems. 2013.

86. Stand Januar 2018. https://www.safaricom.co.ke/personal/m-pesa/getstarted-with-m-pesa/m-pesa-tariffs.

87. Wyche, Susan, Nightingale Simiyu, Martha Othieno: »Mobile Phones as Amplifiers of Social Inequality among Rural Kenyan Women.« *ACM Trans. Comput.-Hum. Interac*t (online). Vol.23. No. 3. Artikel 14. May 2016. DOI: http://dx.doi.org/10.1145/2911982.

88. Kentaro Toyama: *Geek Heresy: Rescuing Social Change from the Cult of Technology.* Public Affairs. 2015.

89. Omar Mohammed: »Kenya mobile phone firms to offer cross-network cash transfers.« *Reuters* (online). 6.4.2018.

90. Bill&Melinda Gates Foundation: *Fighting Poverty, Profitably: Transforming the Economics of Payments to Build Sustainable, Inclusive Financial Systems.* 2013.

91. 参见视频第 17 分钟：www.yorkcast.com/treasury/events/2015/12/01/financial/。

92. 受盖茨基金会资助，美国科学家 Tavneet Suri 和 William Jack 在其案例研究报告中对肯尼亚普惠金融的产生做了如下似是而非的描述，似乎 M-Pesa 的商业模式是肯尼亚内生而发展起来的，手机客户越来越多地使用手机将卡余额转移给他人，提供商 Safaricom 就产生了建设支付系统的创意。参见：Tavneet Suri, William Jack, Thomas Stoker: »Documenting the birth of a financial economy«. PNAS (online).26.6.2012。

93. Alliance for Financial Inclusion: *Enabling mobile money transfer.* 2010。
94. 同上。
95. Michelle Kaffenberger, Patrick Chege: »Digital Credit in Kenya: Time for Celebration or Concern?«. *CGAP-Blog*. 3.10.2016.
96. Edwin Okot: »Big Brother could start tApping your calls, texts from nextweek«. *Daily Nation* (online). 27.2.2017.
97. Alan Gibson: FSD Kenya: *Ten Years of a Market Systems Approach in the Kenyan Finance Market*. FSD Kenya. August 2016.

第二章　不可分割性：普惠金融和生物识别数据库

1. Jon Viktor Gabuenas. »Bangko Sentral says National ID system to improve financial inclusion«. *GMA News* (online). 12.4.2018.
2. https://www.usaid.gov/philippines/partnership-growth-pfg/e-peso-activity.
3. USAID: Mission Critical: *Enabling Digital Payments for Development.* Washington.2017.
4. Claire Alexandre, Ignacio Mas: »Financial Inclusion and Law Enforcement: United by a Common Enemy«. *Center for Financial Inclusion Blog (Accion).* 17.2.2011.
5. Jumoke Akiyode-Lawanson: »Banks, set to enforce NIN as only acceptable means of identification«. Business Day (online). 22.2.2018.
6. »France: Biometric ID databank found unconstitutional«. EDRi (online). 28.3.2012.
7. London School of Economics and Political Science: *The Identity Project: an*

assessment of the UK Identity Cards Bill and its implications. June 2005.

8. 关于盖茨基金会赞助和使命声明的信息来自如下简短描述：www.weforum.org/projects, February 2017, 介绍的项目有变化。在 2018 年 3 月，这一描述在这一网页上已经无从查找了。
9. World Economic Forum: A Blueprint for Digital Identity: *The Role of Financial Institutions in Building Digital Identity.* August 2016.
10. 参见世界银行网站：Identification for Development。
11. www.yorkcast.com/treasury/events/2015/12/01/financial/. 从第 21 分钟起。
12. Joseph Atick: »Harmonization of the Identity Ecosystem. A pragmatic View«. The Vault (online). April 2018.
13. http://events.afcea.org/GlobalID16/public/Content.aspx?ID=63448.
14. Devinder Singh: »The coalescing of ›War on cash‹ and ›Biometric mass surveillance‹ in India«. *Medium* (online). 21.8.2017.
15. Stew Magnuson: »Defense Department Under Pressure to Share Biometric Data«. *National Defense Magazine* (online). 1.1.2009.
16. Waqas Ahmed: »NADRAGate: The terrifying cable that should not be ignored«. Daily Pakistan (online). 9.6.2017.
17. »Post-PISCES: FIA's ›new and improved‹ border security system fails«. *The Express Tribune* (online). 17.10.2014.
18. Murtaza Ali Shah: »Nadra outsources its UK operation«. *The News* (online). 6.9.2011.
19. »A US agenda for global financial inclusion«. *Devex* (online). 1.3.2017.
20. Albert Gonzalez Frarran: »NIMC, UNHCR to enroll 100,000 displaced persons in e-identity card«. *Guardian* (Nigeria, online). 13.12.2017.
21. Anna Kondakhchyan: »To use or not to use biometrics? Help us answer the question«. *Oxfam Views&Voices* (online). 14.11.2018.
22. Chris Burt: »IFC to support IrisGuard ePayment solution deployment for financial inclusion of Syrian refugees«. *Biometric Update* (online).14.2.2018.

23. Jeff Crisp: »Beware the Notion That Better Data Lead to Better Outcomes for Refugees and Migrants«. *Chatham House* (online). 9.3.2018.
24. Katja Lindskov Jacobsen: »On Humanitarian Refugee Biometrics and New Forms of Intervention«. *Journal of Intervention and Statebuilding* (online). Vol.11. 2017. P. 529–551.
25. James Ball, Nick Hopkins: »GCHQ and NSA targeted charities, Germans, Israeli PM and EU Chief«. *Guardian* (online), 20.12.2013.
26. Paul Currion: »Eyes Wide Shut: The challenge of humanitarian biometrics«. *Irin News* (online). 26.8.2017.
27. US Department of State: *The United States Refugee Admissions Program: Reforms for a New Era of Refugee Resettlement. Chapter VI. The Role of the Office of the UN High Commissioner for Refugees*.2004. 参见：https://2001-2009.state.gov/g/prm/refadm/rls/rpts/36066.htm。
28. Christina zur Nedden, Ariana Dongus, Muhammad Hamed: »Getestet an Millionen Unfreiwilligen.« *Reuters* (online). 17.12.2017.
29. The Engine Room, Oxfam: *Biometrics in the Humanitarian Sector.* March 2018.
30. Joshua Partlow, Nick Miroff: »U.S. gathers data on migrants deep in Mexico, a sensitive program Trump's rhetoric could put at risk«. *Washington Post* (online). 6.4.2018.
31. USAID: *Beyond Cash: Why India Loves Cash and Why That Matters for Financial Inclusion.* January 2016.
32. »Brief aus Kerala«. norberthaering.de. 9.1.2017.
33. »North Korea on the Ganga: Police Book Kanpur Traders for Poster Comparing Modi to Kim Jong Un«. *The Wire* (online). 15.10.2017.
34. https://www.rt.com/shows/sophieco/390573-narendra-modi-india-politics/
35. Bhaskar Chakravorti: »Early Lessons from India's Demonetization Experiment«. *Harvard Business Review*. 14.3.2017.
36. »Why India wiped out 86% of its cash overnight«. *BBC News* (online). 14.11.2016.

37. Reserve Bank of India: *Annual Report 2016*. September 2017.
38. 根据税收审计结果分析，2015 年和 2016 年在印度仅有 6% 的黑色资产以现金形式存在。参见：Bhaskar Chakravorti: »Early Lessons from India's。Demonetization Experiment«. *Harvard Business Review.* 14.3.2017.
39. Ejaya Kumar: »Modi's Credibility Hit As 99% Banned Notes Return to RBI«. *Asia Times*. 1.9.2017.
40. Isabelle Guérin u. a.: »Understanding Social Networks and Social Protection: Insights on Demonetisation from Rural Tamil Nadu«. *Review of Rural Affairs* (online). 52. No. 52. 30.12.2017.
41. »Bill&Melinda Gates Foundation Announces $170 Million for Women's Empowerment«. *News 18* (online). 7.3.2018.
42. Morgan Stanley: *India's Digital Leap – The Multi-Trillion Dollar Opportunity*. 26.9.2017.
43. Morgan Stanley: *India's Digital Future*. 12.10.2017.
44. »Walmart übernimmt in Mega-Deal Amazon-Rivale in Indien«. *Reuters*. 9.5.2018.
45. Vindu Goel, Suhasini Rajjan: »India Clings to Cash, Even as Tech Firms Push Digital Money«. *New York Times* (online). 7.1.2018.
46. Douglas Busvine, Rupam Jain: »Who knew? Modi's black money move kept a closely guarded secret«. *Reuters* (online). 9.12.2016.
47. »Bill Gates backs demonetisation, says it's worth the pain«. *Times of India*. 18.10.2016.
48. www.yorkcast.com/treasury/events/2015/12/01/financial/. 从第 17 分钟起。
49. Ellen Barry: »Raghuram Rajan Says He'll Step Down as Head of India's Central Bank«. *New York Times* (online). 18.6.2016.
50. Raghuram Rajan: I do what I do. HarperCollins India. 2017. 援引自：Rajesh Mahapatra: »Raghuram Rajan breaks silence, says neither he nor RBI。under him wanted demonetization«. *Hindustan Times* (online). 5.9.2017.
51. Tamal Bandyopadhyay: »Why do you do what you do, Mr Raghuram Rajan?«.

Live Mint (online). 11.9.2017.

52. James Mann: »Why Narendra Modi Was Banned From the U.S.«. *Wall Street Journal* (online). 2.5.2014.
53. The White House: *US-India Joint Statement*. 30.9.2017.
54. The White House: *U.S.-India Joint Statement – Shared Effort; Progress for All.* 5.1.2015.
55. USAID: Mission Critical: *Enabling Digital Payments for Development. Washington.* 2017.
56. USAID: Beyond Cash: *Why India Loves Cash and Why That Matters for Financial Inclusion.* January 2016.
57. BCG, Google: *Digital Payments 2020.* The Making of a $500 Billion Ecosystem in India. July 2016.
58. McKinsey&Company: *Digital finance for all.* September 2016.
59. http://cashlesscatalyst.org/.
60. Arvind Gupta, Philip Auerswald: »How India Is Moving Toward a Digital-First Economy«. *Harvard Business Review* (online). 8.11.2017.
61. Bhaskar Chakravorti: »Early Lessons from India's Demonetization Experiment«. Harvard Business Review (online). 14.3.2017.
62. 参见视频第 21 分钟起：http://www.yorkcast.com/treasury/events/2015/12/01/financial/。
63. »›The idea is to be inclusive. The upper and middle classes have many forms of identity but the poor often have none‹, Interview with Nandan Nilekani«. *Indian Express* (online). 29.11.2009.
64. Reetika Khera: »The UID Project and Welfare Schemes«. *Economic and Political Weekly* (online). 46 卷 No. 9. 2011. P. 38–43.
65. Prerna Kapoor, Remya Nair, Elizabeth Roche: »Aadhaar fails MGNREGS test in Telangana«. Live Mint (online). 7.4.2018.
66. Anoo Bhuyan: »Aadhaar Isn't Just About Privacy. There Are 30 Challenges the

Govt Is Facing in Supreme Court«. *The Wire* (online). 18.1.2018.

67. Reetika Khera: »The Different Ways in Which Aadhaar Infringes on Privacy«. The Wire (online). 19.7.2017.
68. Anumeha Yadav: »Under the right to information law, Aadhaar data breaches will remain a state secret«. *Scroll.*in (online). 5.3.2017.
69. Manoj Kumar: »India Probes Report on Breach of National Identity Database«. *Reuters* (online). 4.1.2018.
70. Anumeha Yadav: »Under the right to information law, Aadhaar data breaches will remain a state secret«. *Scroll.in* (online). 5.3.2017.
71. »Govt moves to firewall Aadhaar with 16-digit virtual ID, token, limited KYC«. *Indian Express* (online). 11.1.2018.
72. Najmul Ahasan, Philip O' Keefe, Gora Datta, Carlo del Ninno: *Concept Note of a Smartcard based Public Distribution System*. World Bank and CAL2CAL Corporation. 2008. 该研究不再可查。援引自 Reetika Khera: »The UID Project and Welfare Schemes«。*Economic and Political Weekly* (online). Vol.46. No. 9. 2011. P. 38–43.
73. Piali Mukhopadhyay, Karthik Muralidharan, Paul Niehaus, Sandip Sukhtankar: *AP Smartcard Impact Evaluation Project.* Policy Report. May 2013.
74. Josh Miler: »World Bank and Partners Launch eTransform Initiative to Maximize Technology's Potential for Development«. *Devex* (online). 23.4.2010.
75. 同上。
76. 例如 Weltbank-Chefvolkswirt Paul Romer, 援引自：Jeanette Rodriguez: »India's Aadhaar Scheme Is Like A New Internet Being Built: Foreign Media«. *Bloomberg* (online), 16.3.2017; 或者 Bill&Melinda Gates Foundation: Goalkeepers: *The Stories Behind the Data*. 2017; 或者 Better Than Cash Alliance: *UN report: Social network payments now reach nearly US $3 trillion in China*. 媒体报道 . 19.4.2017。
77. Jean Drèze, Reetika Khera: »Aadhaar's $11-bn question: The numbers being touted by govt have no solid basis«. *Economic Times* (online). 8.2.2018.

78. 项目名称：»BD Identification System for Enhancing Access to Services (IDEA) Project«. 参见网页：http://projects.worldbank.org/P121528/bd-identification-system-enhancing-access-services-idea-project?lang=en

79. Glyn Moody: »Bangladesh Brings In Nationwide Digital Identity Cards Linking Biometrics To Mobile Phone Numbers«. *Techdirt* (online). 12.10.2016.

80. Govind Krishnan: »Foreign agencies can access Aadhaar data«. *Sunday Guardian* (online). 25.12.2011.

81. »Foreign Firms Given Access To Your Unencrypted Aadhaar Data«. *GGI News* (online). 30.8.2017.

82. World Bank: Frequently Asked Questions (Q&As): *Identification System for Enhanced Access to Services (IDEA) project.* 23.11.2017.

83. Lison Joseph: »MongoDB startup hired by Aadhaar got funds from CIA VC arm«. *Economic Times* (online). 3.12.2013.

84. Chethan Kumar: »RTI activist says Aadhaar contract gave foreign firms access to unencrypted data«. *Times of India* (online). 30.8.2017; Gopal Krishna: »Unfolding of Aadhaar scam: Guaranteed revenue flow for MNCs by Modi govt? – Part2«. *Moneylife* (online). 5.11.2014.

85. World Bank: *ID4D Country Diagnostic: Kenya. Washington*. 2016.

86. »OT-Morpho denies claims Kenyan biometric voting system was hacked«. *Biometric Update* (online). 19.9.2017.

87. Kimiko de Freytas-Tamura: »Kenya Court Says It Nullified Election Over Possible Hacking«. *New York Times* (online). 20.9.2017.

88. Shelley Kasli: »How CIA agents can access Aadhaar database via UIDAI certified company Cross Match«. *GGI News* (online). 25.8.2017.

89. S.G Vombatkere: »Edward Snowden's Wake-up Call: Cyber Security, Surveillance and Democracy«. *Asian Tribune* (online). 23.6.2013.

第三章 反现金战的影子力量

1. Fritz Glunk: *Schattenmächte: Wie transnationale Netzwerke die Regeln unserer Welt bestimmen.* dtv. 2017.
2. Christoph Pohlmann, Stephan Reichert, Hubert René Schillinger (Hrsg.): G20: *A Global Economic Government in the Making. Friedrich-Ebert-Stiftung.* Juny 2010.
3. Sigmar Gabriel: »Deutschlands Tatenlosigkeit ist beängstigend«. *Tagesspiegel* (online). 22.5.2018.
4. 参加前言 : HM Government: *Governance for Growth. Building Consensus for the Future*. A report for the 2011 G20 Summit in Cannes. 2011.
5. 前一个脚注中引用的英国政府报告中，作者对 G20 的合法性提出质疑，受到来自联合国的批评。
6. EU-Ombudsman: *Ombudsman recommends President Draghi suspend his ›Group of 30‹ membership.* 媒体报道 . 17.1.2018。
7. 详见 : Norbert Häring. *Die Abschaffung des Bargelds und die Folgen. Quadriga.* 2016.
8. European Central Bank: *Detailed Opinion of the European Central Bank on the European Ombudsman's Recommendations in Case 1697/2016 ANA. 18.4.2018.* 出版在：www.ecb.europa.eu。
9. Jan Mallien: »EZB-Präsident Draghi hält an umstrittener G30-Mitgliedschaft fest«. *Handelsblatt* (online). 18.4.2018; Harald Schumann: Die gefährliche Nähe der EZB zur Finanzindustrie«. Tagesspiegel (online). 24.4.2018.
10. John Kirton: »Explaining G20 Summit Success«. G20 Information Centre. Munk School of Global Affairs, University of Toronto. 17. 12. 2013.
11. Gargee Ghosh: *Remarks by the President's Global Development Council at Financial Inclusion Forum 2015 in Washington*. https://www.usaid.gov/ sites/ default/files/Financial_Inclusion_Transcript2.pdf.
12. Global Development Council: *Call for action on financial inclusion. Washington.*

年份不详 (约 2015 年)。
13. 援引自 : G20 Financial Inclusion Experts Group: Report on Innovative *Financial Inclusion from the Access through Innovation Sub-Group.* Washington. 25.5.2010.
14. G20 Financial Inclusion Experts Group: *Report on Innovative Financial Inclusion from the Access through Innovation Sub-Group. Washington*. 25.5.2010.
15. https://www.gpfi.org/about-gpfi, 由 James Pearse 于 2013 年 11 月 25 日提供。
16. UNSGSA: *CEOs and UN Special Advocate Launch Private Sector Partnership for Financial Inclusion.* 媒体报道 . 31.1.2018。
17. Financial Inclusion Experts Group: *G20 Financial Inclusion Action Plan.* 年份不详。
18. Alliance for Financial Inclusion, Global Partnership for Financial Inclusion: *G20 Principles for Innovative Financial Inclusion.* 年份不详 (约 2011)。
19. http://mm4p.uncdf.org/who-we-are
20. Tom Groenfeldt: »Why The Gates Foundation Is Funding A MasterCard Lab«. *Forbes* (online). 9.12.2014.
21. http://www.fatf-gafi.org.
22. http://www.fatf-gafi.org/media/fatf/documents/FINAL%20FATF%20MANDATE%202012-2020.pdf
23. Eleni Tsingou: »Power elites and club-model of governance in global finance«. *International Political Sociology.* Vol.8. No. 3. 2014. P. 340–342.
24. Timothy Lyman, Wameek Noor: *AML/CFT and Financial Inclusion: New Opportunities Emerge from Recent FATF Action.* CGAP Focus Note No. 98. September 2014.
25. International Monetary Fund: *Indonesia: 2017 Article IV Consultation: Press Release; Staff Report; and Statement by the Executive Director for Indonesia.*6.2.2018.
26. Claudio Borio, Gianni Toniolo: »One hundred and thirty years of central bank cooperation: a BIS perspective«. In: Claudio Borio, Gianni Toniolo, Piet Clement (Hrsg.): *The past and future of central bank cooperation. Cambridge University*

Press. 2011. P. 16–75.

27. Peter Nonnenmacher: »Das Nazi-Gold der Bank von England«. *Tagesanzeiger*(online). 2.8.2013.

28. »Hitlers beflissene Hehler«. *Spiegel* (online). 17.03.1997.

29. »A US agenda for global financial inclusion«. *Devex* (online). 1.3.2017.

30. Global Partnership for Financial Inclusion: *Global Standard-Setting Bodies and Financial Inclusion. Washington*. March 2016.

31. Global Partnership for Financial Inclusion: *Standard Setting and Financial Inclusion for the Poor – Toward Proportionate Standards and Guidance*. White Paper. 2011.

32. Better Than Cash Alliance: *Building Inclusive Digital Payments Ecosystems.New York*. May 2017.

33. Committee on Payments and Market Infrastructures: *Fast payments – Enhancing the speed and availability of retail payments*. Basel. November 2016.

34. Committee on Payments and Market Infrastructures, World Bank Group: *Payment aspects of financial inclusion. Final Report. Basel*. April 2016.

35. Sabine Flatau: »Bargeld unerwünscht: Beschwerdewelle in Bürgerämtern«. *Berliner Morgenpost* (online). 17.10.2016.

36. Ausführlicher dazu: Norbert Häring: *Die Abschaffung des Bargelds und die Folgen*. Quadriga. 2016.

37. Rat der Europäischen Union: *Vermerk des Vorsitzes für die Gruppe ›Allgemeine Angelegenheiten einschließlich Bewertungen‹ Betr.: Abschlussbericht über die fünfte Runde der gegenseitigen Begutachtung – ›Finanzkriminalität und Finanzermittlungen‹*. Brüssel, 3.10.2012.

38. FATF: *Annual Report* 2015–16. Paris. 2017.

39. Penelope Paliani Kamanga: »Malawi the last country standing on national identity cards«. *Southern Times* (online). 10.6.2017.

40. https://laxtongroup.com/case-studies/identity/malawi-2017-national-identity/.

41. USAID: *Mission Critical: Enabling Digital Payments for Development. Washington*. 2017. https://www.usaid.gov/sites/default/files/documents/15396/USAID-DFS-OpportunityBrief.pdf
42. https://www.usaid.gov/philippines/partnership-growth-pfg/e-peso-activity
43. German Rincón: Mexican banks to implement biometrics for customers. *Rviera Maya* News (online). 30.8.2017.
44. Justin Lee: Mexican banks to install fingerprint readers to curb identity theft. *Biometric Update* (online). 1.9.2017.
45. Global Partnership for Financial Inclusion: *Global Standard-Setting Bodies and Financial Inclusion*. Washington. March 2016.
46. Timothy Lyman, Wameek Noor: *AML/CFT and Financial Inclusion*. CGAP Focus Note Nr. 98. September 2014.
47. Philippe Vollot: »Ein globales Problem«. *Handelsblatt*. 4.4.2018.
48. Lionel Faull, Nick Mathiason, Ted Jeory: »OPL 245 oil scandal: JP Morgan reveals UK cops gave go-ahead to transfer $875m to convicted money launderer«. *Finance Uncovered* (online). 5.4.2018.
49. www.fatf-gafi.org/about/fatfsecretariat/. 这并不是说他个人与尼日利亚的决定有关联，我对此一无所知。
50. European Commission: *Final Communication from the Commission to the European Parliament and the Council on an Action Plan for strengthening the fight against terrorist financing*. StraBburg. 2.2.2016.
51. »Ärger am Automaten: Sparkassen verlangen Gebühren fürs Geldabheben«. *Handelsblatt* (online). 30.3.2017.
52. 文件索引号 XI ZR 434/14 边缘数 39. 根据联邦最高法院的观点，银行可以在正常需要范围内提供一定数量的免费提款额，并对频繁提款加收费用。但许多银行的做法远不止于此，在 2018 年初，就有 300 家机构甚至对自己的客户提现加收费用，其中大约有 150 家从第一笔提款就开始计费。请参阅："银行客户必须在自动取款机上付费"。法兰克福汇报，2018 年 4 月 13 日。53

»Das Ende des Bargelds«. Zeit. 22.6.2017.

53. https://data.worldbank.org/indicator/FB.ATM.TOTL.P5.
54. »Weniger Geldautomaten in Deutschland«. Spiegel Online. 15.4.2018.
55. Bram Scholten: *Decline management: the case of cash: Policy response in the Netherlands and the Nordic countries.* Vortrag auf der International Cash Conference der Deutschen Bundesbank in Mainau. 25.–27. April 2017.
56. Amanda Bilner, Niklas Magnusson, Rafaela Lindeberg: »Sweden Tries to Halt Its March to Total Cashlessness«. *Bloomberg* (online). 11.6.2018.
57. Daniel Schäfer: »Deutsche-Bank-Chef outet sich als Bargeld-Skeptiker«. *Handelsblatt* (online). 20.1.2017.
58. SPD-Fraktion im Bundestag: *Bekämpfung von Geldwäsche und Terrorismusfinanzierung.* 媒体报道 . 26.1.2016.
59. Manfred Schäfers, Hendrik Kafsack, Christian Siedenbiedel: »Bar zahlen künftig nur noch bis 5 000 Euro«. Frankfurter Allgemeine Zeitung (online). 2.2.2017.
60. Danny Vinik: »Larry Summers Gave An Amazing Speech On The Biggest Economic Problem Of Our Time«. *Business Insider.* 17.11.2013.
61. Ken Rogoff: *Costs and benefits to phasing out paper currency.* Arbeitspapier, präsentiert auf der NBER Macroeconomics Annual Conference,
62. 11.4.2014, 与作为 »Distinguished CES Fellow« at University München on 18.11.2014.
63. Brevan Howard Centre for Financial Analysis, Imperial College Business School, CEPR&Swiss National Bank: Event »Removing the Zero Lower Bound on Interest Rates«.London, Monday 18th May 2015. https://cepr. org/5636
64. Peter Sands: *Making it Harder for the Bad Guys: The Case for Eliminating High Denomination Notes.* Harvard University Working Paper. February 2016.
65. 这信息来自一位与 Sands 有接触的德国学者。
66. Larry Summers: »It's time to kill the $100 bill.« *Washington Post* (online). 16.2.2016.
67. Ken Rogoff: *Der Fluch des Geldes: Warum unser Bargeld verschwinden wird.*

FinanzBuch Verlag. 2016.

68. Ken Rogoff: »Blessing or Curse? Foreign and Underground Demand for Euro Notes«. *Economic Policy.* 13. 卷 No. 26. April 1998.

69. Mehr dazu in der ausführlichen Buchrezension vom 13.9.2016 auf meinem Weblog *norberthaering.de* unter dem Titel: »›Der Fluch des Bargelds‹ von Ken Rogoff ist ein auf ironische Weise sehr lehrreiches Buch«.

70. 对于公民失去现金后就丧失了安全支付手段的质疑，罗格夫在 2015 年我对他的一次采访中立即做出回应。我们当然应当为公民提供替代方式，这可以是由央行或拥有国家担保的银行为公民提供的账户。但在他的书中，却没有提及这个问题及其"不言而喻的解决途径"。参见 : Norbert Häring: »Die Ausgabe großer Scheine stoppen«. 对 Ken Rogoff 的采访。Handelsblatt. 18.5.2015.

71. Peter Sands, Haylea Campbell, Tom Keatinge, Ben Weisman: *Limiting the Use of Cash for Big Purchases: Assessing the Case for Uniform Cash Thresholds.* RUSI Occasional Paper. September 2017.

72. Malte Krüger, Franz Seitz: *Der Nutzen von Bargeld: Kosten und Nutzen des Bargelds und unbarer Zahlungsinstrumente (Modul 2).* Fritz KnApp Verlag. 2017.

73. Hermann-Josef Tenhagen: »Wenn Kartenzahlung extra kostet«. *Spiegel Online.* 20.1.2018.

74. Susanne Preuß: »Wenn das Bargeld doppelt so viel kostet wie sein Wert«. *Frankfurter Allgemeine Zeitung* (online). 18.8.2015.

75. EU-Kommission: *Vorschlag für eine Verordnung über die Überwachung von Barmitteln, die in die Union oder aus der Union verbracht werden, und zur Aufhebung der Verordnung* (EG) No. 1889/2005. Brüssel，21.12.2016.

76. V ě ra Jourová: *Strengthened EU rules to prevent money laundering and terrorism financing.* Fact Sheet. EU-Commission. Directorate-General for Justice and Consumers. 15.12.2017.

77. Peter Schaar: *Kurzgutachten zum Vorschlag der Kommission für die Überarbeitung der 4. EU-Geldwäscherichtlinie aus datenschutzrechtlicher Sicht.*Prepaid-Verband.

September 2016.

78. Bundesgesetzblatt Jahrgang 2017 Teil I No. 39, ausgegeben zu Bonn am 24. Juny 2017, P. 1829.

79. Stefan Krempl: »Neue EU-Geldwäscherichtlinie: Die Privatsphäre fällt praktisch weg«. *Heise* (online). 3.1.2018.

80. »LAPD Uses Big Data to Target Criminals«. *CBS News* (online). 14.11.2014.

81. Markus Becker: »Sind die deutschen Banken wirklich unschuldig?«. *Spiegel Online*. 19.1.2018.

82. Volker Bouffier 现在是黑森州州长，他任内政部长时曾强迫官员退休，这不是一声道歉就能解决的问题。参见 : »Hessische Steuerfahnder zu Unrecht zwangspensioniert«。Handelsblatt (online). 16.12.2012.

83. 因为负责任方巴伐利亚政府只向他提供了 17 万欧元的赔偿，Mollath 于 2018 年 3 月提起诉讼，要求赔偿 210 万欧元。»Justizopfer Gustl Mollath fordert 2,1 Millionen von Bayern«. *Spiegel Online*. 1.3.2018.

84. Detlef Borchers: »eID: Gesetz zur Förderung des elektronischen Identitätsnachweises in Kraft«. *Heise* (online). 17.7.2017.

85. Ingo Dachwitz: »Im Gesetz zum elektronischen Personalausweis versteckt sich ein automatisierter Abruf für Geheimdienste«. *Heise* (online). 24.4.2017.

86. *Pressemitteilung des Chaos Computer Club e.V. zur Einführung biometrischer Reisepässe.* 10.4.2005.

87. Roman Tyborski: »Warum gibt die Bundespolizei Steuergelder für Amazon-Gutscheine aus?«. *Handelsblatt* (online). 2.8.2017.

88. Nick Wingfield: »Amazon Pushes Facial Recognition to Police. Critics See Surveillance Risk«. *New York Times* (online). 22.5.2018.

第四章　东西方的支付系统

1. Urteil vom 15. December 1983. https://openjur.de/u/268440.html

2. Paul Mozur: »In Urban China, Cash Is Rapidly Becoming Obsolete«. *New York*

*Times (*online). 17.7.2017.

3. Mara Hvistendahl: »Inside China's Vast New Experiment in Social Ranking«. *Wired* (online). 14.12.2017.
4. Hendrik Ankenbrand: »China plant die totale Überwachung«. *Frankfurter Allgemeine Zeitung* (online). 22.11.2017.
5. 同上。
6. Hendrik Ankenbrand: »Chinas ÜberwachungsApp drängt in die Welt«. *Frankfurter Allgemeine Zeitung* (online). 15.1.2018.
7. Mara Hvistendahl: »Inside China's Vast New Experiment in Social Ranking«. *Wired* (online). 14.12.2017.
8. »China to bar people with bad ›social credit‹ from planes, trains«. *Reuters* (online). 16.3.2018.
9. Mara Hvistendahl: »Inside China's Vast New Experiment in Social Ranking«. *Wired* (online). 14.12.2017.
10. 同上。
11. Li Tao: »Jaywalkers under surveillance in Shenzhen soon to be punished via text messages«. *South China Morning Post* (online). 27.3.2018.
12. Christina Zhao: »WeChat Is About to Become the World's Most Popular Form of ID, but You've Probably Never Heard of It«. *Newsweek* (online). 28.12.2017.
13. Alan Travis: »UK banks to check 70m bank accounts in search for illegal immigrants«. *Guardian* (online). 21.7.2017.
14. »Neue Lücken im Zahlungsverkehrssystem der Banken.« *Frankfurter Allgemeine Zeitung*. 19.4.2017.
15. Georg Mascolo: »Beinahe-Eklat in München. Niemand wollte Irans Airbus betanken«. *Tagesschau* (online). 7.2.2018.
16. Stefan Buchen, Rainer Hermann: »Wie ein deutscher Unternehmer auf Amerikas Terrorliste geriet«. *Frankfurter Allgemeine Zeitung* (online). 1.12.2016.
17. Sönke Iwersen, Volker Votsmeier: »Deutsche Forfait: Das Verschwinden des Ex-

Chefs«. *Handelsblatt.* 27.3.2018.

18. Yasmin Osman: »Commerzbank darf Mitarbeiter nicht feuern«. *Handelsblatt* (online). 30.6.2017.
19. Ernest Londonio: »Pot Was Flying of the Shelves in Uruguay. Then US Banks Weighed In«. *New York Times* (online). 25.8.2017. 该计划持续发展，2018 年春已有数万人参加，而且人数还在增加。至于如何解决财务问题，当地的英语和西班牙语报刊并没有给出答案，想必药店转向当地没有国际业务的小银行了。
20. 英文的维基百科网页上有关维基解密只包含零散的神秘暗示，而德文网页上信息要明显多些。
21. Kajal Bangera: »Coinbase blocks WikiLeaks shop without notice – starts a riot on social media.« *AMB Crypto* (online). 22.4.2018.
22. 《禁止非法互联网博彩法案》
23. World Bank: *Withdrawal from Correspondent Banking; Where, Why, and What to Do About It.* Washington. November 2015.
24. Financial Stability Board: *Stocktake of remittance service providers' access to banking services.* Basel. 16.3.2018.
25. Sara Jerving: »How cash transfers in Somalia could evolve into a national social safety net«. *Devex* (online). 26.1.2018.
26. http://www.cashlearning.org/about-us/partners-and-donors.
27. »Eine neue Kreditkartengebühr fürs Glücksspiel«. *Frankfurter Allgemeine Zeitung.* 27.4.2018.
28. Rachel O'Dwyer: »Are You Creditworthy? The Algorithm Will Decide«. Undark (online). 5.7.2018.
29. »Google plans to track credit card spending«. *BBC News* (online).26.5.2017.
30. »The new lending game, post-demonetization«. *Economic Times* (online). 6.1.2017.
31. Rachel Emma Silverman: »Bosses Tap Outside Firms to Predict Which Workers

Might Get Sick«. *Wall Street Journal* (online). 17.2.2016.

32. Mara Hvistendahl: »Inside China's Vast New Experiment in Social Ranking«. *Wired* (online). 14.12.2017.
33. https://www.paypal.com/de/webApps/mpp/ua/third-parties-list.
34. Andrea Rexer: »Bargeld diskriminiert die Armen«. *Süddeutsche Zeitung* (online). 20.8.2017.
35. Partnership for Finance in a Digital Africa: *Can Big Data Shape Financial Services in East Africa?* Caribou Digital Publishing. 2018.
36. Tamsin Shaw: »Beware the Big Five«. *New York Review of Books* (online). 5.4.2018.
37. Linda Weiss: America Inc.?: *Innovation and Enterprise in the National Security State.* Cornell University Press. 2014.
38. Mariana Mazzucato: *The Entrepreneurial State: Debunking Public vs. Private Sector Myths.* Anthem. 2013.
39. Martin Libicki: *Conquest in Cyberspace: National Security and Information Warfare.* Cambridge University Press. 2007.
40. »So umfassend späht die NSA in Deutschland«. *n-tv* (online). 30.6.2013.
41. Glenn Greenwald, Ewen MacAskill: »NSA Prism program taps in to user data of Apple, Google and others«. *Guardian* (online). 7.6.2013.
42. Timothy Revell: »AI tracks your every move and tells your boss if you're slacking«. *New Scientist* (online). 30.1.2017.
43. Status Today: *TechWorld highlights StatusToday's growth during GCHQ Accelerator.* 5.4.2017.
44. Ceylan Yeginsu: »A Wristband to Track Workers' Hand Movements? (Amazon Has Patents for It)«. *New York Times* (online). 1.2.2018.
45. John Kornblum: »Globale Wertschöpfung«. *Handelsblatt.* 7.7.2017.
46. »›Google verfolgt uns auf Schritt und Tritt‹. Interview mit Paul-Bernhard Kallen«. *Süddeutsche Zeitung.* 9.3.2015.

47. Anne-Marie Slaughter: The Chessboard and the Web: *Strategies of Connection in a Networked World*. Yale University Press. 2017.
48. »Serge Schmemann. A New Rule Book for the Great Game«. *New York Times* (online). 12.4.2017.
49. Parag Khanna: »Die Ohnmacht der Experten«. *Handelsblatt.* 5.9.2017.
50. Mark Zuckerberg: »Building Global Community«. 16.2.2017. https:// www.facebook.com/notes/mark-zuckerberg/building-global-ommunity/10154544292806634/
51. Nick Wingfield: »Amazon Pauses Huge Development Plans in Seattle Over Tax Plan«. *New York Times* (online). 5.5.2018.
52. Daniel Beekman, Matt Day: »Seattle City Council votes 9-0 for scaleddown head tax on large employers«. *The Seattle Times* (online). 14.5.2018.
53. David Rockefeller: *Erinnerungen eines Weltbankiers*. FinanzBuch Verlag.2008.
54. Leanna Garfield: »A pilot project for a new libertarian floating city will have 300 homes, its own government, and its own cryptocurrency«. *Business Insider* (online). 18.5.2018.
55. Peter Waldman, Lizette Chapman, Jordan Robertson: »Palantir Knows Everything About You«. *Bloomberg* (online). 19.4. 2018.
56. Ashlee Vance, Brad Stone: »Palantir, the War on Terror's Secret Weapon«. Bloomberg (online). 22.11.2011.
57. Andy Greenberg: »Palantir Apologizes For WikiLeaks Attack Proposal, Cuts Ties With HBGary«. *Forbes* (online). 11.2.2011.
58. Britta Weddeling, Johannes Steger: »Was der geheimnisvolle neue Aufseher bei Axel Springer vorhat«. *Handelsblatt* (online). 19.4.2018.
59. »George Orwell 1984: Lieblingsbuch aller U-Bahn-Schubser, Vergewaltiger, Heroindealer, Terror-Planer, Grapscher, Taschendiebe, Goldmünzenräuber, Schläger und Hooligans«. *Welt am Sonntag.* 27.8.2017.
60. Frank Pasquale: »From Territorial to Functional Sovereignty: The Case of

Amazon.« Law and Political Economy (online). 6.12.2017.

61. Joachim Hofer, Hans-Peter Siebenhaar: »Conrad Albert: ›Unzeitgemäße Fußfesseln‹«. *Handelsblatt.* 18.5.2018.

62. »›Zuckerberg und Bezos wollen bislang nur Geld verdienen‹. Zeit-Chef Esser warnt vor Murdoch, Trump und den Ambitionen der Tech-Giganten«. *Meedia* (online). 5.12.2017.

63. Florian Kolf: »Deutschlands beste Händler: Nach Amazon kommt lange nichts«. *Handelsblatt* (online). 15.5.2018.

64. »Amazon steigert Gewinn um mehr als das Doppelte«. *Reuters*. 26.4.2018.

65. Lina Khan: »Amazon's Antitrust Paradox«. *Yale Law Journal* (online). Vol. 116. 2017 S. 710–805.

66. »Amazon ist der drittwertvollste US-Konzern«. *Handelsblatt* (online).15.2.2018.

67. »Amazon überholt Alphabet beim Börsenwert«. *Handelsblatt* (online).21.3.2018.

68. Tobias Berg, Valentin Burg, Ana Mongovic, Manju Puri: *On the Rise of FinTechs: Credit Scoring Using Digital Footprints.* NBER Working Paper 24551. April 2018.

69. BFA: *Inclusive Digital Ecosystems of the Future*. Dezember 2017.

70. Katharina Kort: »Begehrte Apple-Kunden«. Handelsblatt. 14.5.2018.

71. Katharina Kort, Britta Weddeling: »Ein Girokonto von Amazon«. *Handelsblatt*.6.3.2018.

72. AnnaMaria Andriotis, Laura Stevens: »Amazon's Next Mission: Using Alexa to Help You Pay Friends«. *Wall Street Journal* (online). 6.4.2018.

73. Peter Harrell, Elizabeth Rosenberg: *The Next Generation of Sanctions. A Strategy of Coercive Economic Policy for the Next President.* Center for a New American Security. Washington 2016.

74. Sumeet Chatterjee, Meng Meng: »Exclusive: China taking first steps to pay for oil in yuan this year – sources«. *Reuters* (online) 29.3.2018.

75. Jay Syrmopoulos: »Declassified emails reveal NATO killed Gaddafi to stop Libyan creation of gold-backed currency«. *Intellihub* (online). 18.1.2016.

76. Richard Werner hat das 2003 in seinem japanischen Nummer-1-Bestseller »Princes of the Yen« anhand von Recherchen in der japanischen Zentralbank belegt.
77. Yi Huang, Ugo Panizza, Richard Portes: *Corporate Foreign Bond Issuance and Interfirm Loans in China.* NBER Working Paper 24513. April 2018.
78. Andrea Cünnen, Peter Khler, Ulf Sommer: »Angst vor dem nächsten Crash«. *Handelsblatt.* 14.5.2018.
79. Michael Maisch: »China dominiert die Welt«. Handelsblatt. 17.5.2018. 81 Joseph Yam: »Capital Flows, Hedge Funds and Market Failure: A Hong Kong Perspective«. In: David Gruen, Luke Gower (Hrsg.): *Capital Flows and the International Financial System.* McMillan. 1999. S. 164–179.

第五章　反抗、特洛伊木马和解决方案

1. 除非另有说明，否则本节中比特币的描述基于 : Jochen Möbert: *Bitcoin: Meinungen, Mythen und Missverständnisse.* Deutsche Bank. Frankfurt a. M. 29. Januarry 2018。
2. Alex de Vries: »Bitcoin's Growing Energy Problem«. *Joule* (online). Vol.2.No. 5. S. 801–805. 16 5.2018.
3. 大利亚反洗钱机构 Austrac 负责人约翰 · 施密特在 2014 年表示，政府可以追踪比特币和澳元的每一笔兑换。into bitcoin«. ZD Net (online). 24.2.2014.
4. FATF: *Guidance for a Risk-based Approach to Virtual Currencies.* June 2015.
5. »South Korea Will Abide By The Unified Digital Currency Regulations To Be Set By G20«. *China Money* (online). 18.5.2018.
6. Henning Diedrich: *Ethereum: Blockchains, Digital Assets, Smart Contracts, Decentralized Autonomous Organizations.* CreateSpace Independent Publishing Platform. 2016.
7. Justin O'Connell: »Bitcoin Believer Peter Thiel Donates $1.25 Million to Trump«. *Cryptocoin News* (online). 16.11.2016.
8. Norbert Häring: »Angriff auf Bitcoin und Dollar«. *Handelsblatt.* 23.10.2017.

9. Norbert Häring: »E-Geld statt Cash«. Handelsblatt. 30.10.2017.

10. Jens Weidmann: »Welcome Remarks«. Rede auf dem Bundesbank Symposium »Frontiers in Central Banking – Past, Present and Future«. Frankfurt am Main. 14.6.2017.

11. Martin Hesse: »›Digitales Geld wird kommen‹. Interview mit Kenneth Rogoff«. *Spiegel*. 27.2.2018.

12. André Ballin: »Putin führt den Krypto-Rubel ein«. *Handelsblatt* (online). 17.10.2017.

13. 计划的加密货币原名 Basecoin 改为 Base。

14. Norbert Häring: »Angriff auf Bitcoin und Dollar«. *Handelsblatt*. 23.10.2017.

15. Ingo Dachwitz: »Dateneigentum: Merkel ist noch unsicher, ob unsere Daten Firma A oder Firma B gehören sollen«. *Netzpolitik.org*. 20.3.2017.

16. World Economic Forum: *The Known Traveller: Unlocking the potential of digital identity for secure and seamless travel*. January 2018.

17. 在第 25 页，人们能够大致了解真相。

18. www.noyb.eu.

19. Martin Holland: »DSGVO: Max Schrems will gegen Schufa klagen«. *Heise* (online). 28.4.2018.

20. Daniel Sokolov: »Keine Strafen: Österreich zieht neuem Datenschutz die Zähne«. *Heise* (online). 24.4.2018.

21. European Commission: *Inception Impact Assessment – Proposal for an EU initiative on restrictions on payments in cash*. Brüssel. 2.2.2017.

22. Helmut Siekmann: »Restricting the Use of Cash in the European Monetary Union: Legal Aspects«. In: Frank Rövekamp, Moritz Bälz, Hans Günther Hilpert (Hrsg.): *Cash in East Asia*. Springer. 2017. S. 153–178.

23. Landtag Nordrhein-Westfalen: *Schriftliche Stellungnahme der Deutschen Bundesbank anlässlich der öffentlichen Anhörung des Haushalts- und Finanzausschusses des Landtags Nordrhein-Westfalen zu einem Antrag der*

Fraktion der FDP »Mündige Bürger nicht immer mehr bevormunden« (Drucksache 16/9597) sowie zu einem Antrag der Fraktion der PIRATEN »Bargeld – Freiheit– Privatsphäre« (Drucksache 16/11217, Neudruck). 日期不详(约 2016 年 5 月)。

24. Europäische Union: »Empfehlung der Kommission vom 22. März 2010 über den Geltungsbereich und die Auswirkungen des Status der Euro-Banknoten und -Münzen als gesetzliches Zahlungsmittel.« *Amtsblatt L 83/70* on 30.3.2010.
25. 文件索引号 Az. 1 K 2903/15.F。
26. 有关 2016 年 12 月 1 日审判的详细评论参加微博 www.norberthaering.de 中题为 »Verwaltungsgericht Frankfurt weist Klage auf Barzahlung des Rundfunkbeitrags ab« 的文章。判决理由详见：http://www.lareda.hessenrecht.hessen.de/ lexsoft/default/hessenrecht_lareda.html#docid:7826288。
27. 文件索引号 10 A 2929/16。
28. 详细了解这个和其他卡塞尔法官论点请参见：www.norberthaering.de on 3.3.2018:»Das Faschingsurteil des Hessischen Verwaltungsgerichtshofs zur Barzahlung des Rundfunkbeitrags«。
29. Bundesgerichtshof. NJW 1953, 897.
30. 判决 25 March 1983- (V ZR 168/81 – BGHZ 87, 156, juris RN 21)。
31. 判决 28. July 2015 (XI ZR 434/14 – BGHZ 206, 305)。
32. 文件索引号 6 C 6.18。
33. 文件索引号 VIII B 19/18。
34. http://wahre-werte-depot.de/bargeldverbot-beim-finanzamt-jetzt-vor-ge richt/.
35. 文件索引号 2 BvR 2737/17。
36. 文件索引号 19 VA 17/16。
37. »Merkel warnt vor zu viel Datenschutz«. *Frankfurter Allgemeine Zeitung*.17.5.2018.
38. »Macron ruft Zuckerberg&Co. zu Technologie-Gipfel nach Paris«. *Reuters*.16.5.2018.